中华人民共和国
新法规汇编

2024
第9辑

司法部 编

中国法治出版社

编辑说明

一、《中华人民共和国新法规汇编》是国家出版的法律、行政法规汇编正式版本，是刊登报国务院备案并予以登记的部门规章的指定出版物。

二、本汇编收集的内容包括：上一个月内由全国人民代表大会及其常务委员会通过的法律和有关法律问题的决定，国务院公布的行政法规和国务院文件，报国务院备案并予以登记的部门规章，最高人民法院和最高人民检察院公布的司法解释。另外，还收入了上一个月内报国务院备案并予以登记的地方性法规和地方政府规章目录。

三、本汇编收集的内容，按下列分类顺序编排：法律，行政法规，国务院文件，国务院部门规章，司法解释。每类中按公布的时间顺序排列。报国务院备案并予以登记的地方性法规和地方政府规章目录按 1987 年国务院批准的行政区划顺序排列；同一行政区域报备两件以上者，按公布时间顺序排列。

四、本汇编每年出版 12 辑，每月出版 1 辑。本辑为 2024 年度第 9 辑，收入 2024 年 8 月份内公布的行政法规 2 件、国务院文件 1 件、报国务院备案并经审查予以登记编号的部门规章 3 件、司法解释 3 件，共计 9 件。

五、本汇编在编辑出版过程中，得到了国务院有关部门和有关方面以及广大读者的大力支持和协助，在此谨致谢意。

司法部

2024 年 9 月

目　录

编辑说明 …………………………………………………（1）

行政法规

军人抚恤优待条例 ………………………………………（1）
法规规章备案审查条例 …………………………………（19）

国务院文件

国务院办公厅关于以高水平开放推动服务贸易高质量
　发展的意见 ……………………………………………（24）

国务院部门规章

中华人民共和国外交部关于涉外升挂和使用国旗的规定 …（30）
重要商品和服务价格指数行为管理办法 ………………（35）
非银行支付机构监督管理条例实施细则 ………………（43）

司法解释

最高人民法院、最高人民检察院关于办理洗钱刑事案
　件适用法律若干问题的解释 …………………………（72）
最高人民法院关于审理食品药品惩罚性赔偿纠纷案件
　适用法律若干问题的解释 ……………………………（75）

最高人民法院关于大型企业与中小企业约定以第三方
　支付款项为付款前提条款效力问题的批复 …………（81）

附：
2024年8月份报国务院备案并予以登记的地方性法
　规、自治条例、单行条例和地方政府规章目录 …………（82）

行政法规

军人抚恤优待条例

（2004年8月1日中华人民共和国国务院、中华人民共和国中央军事委员会令第413号公布 根据2011年7月29日《国务院、中央军事委员会关于修改〈军人抚恤优待条例〉的决定》第一次修订 根据2019年3月2日《国务院关于修改部分行政法规的决定》第二次修订 2024年8月5日中华人民共和国国务院、中华人民共和国中央军事委员会令第788号第三次修订）

第一章 总 则

第一条 为了保障国家对军人的抚恤优待，激励军人保卫祖国、建设祖国的献身精神，加强国防和军队现代化建设，让军人成为全社会尊崇的职业，根据《中华人民共和国国防法》《中华人民共和国兵役法》《中华人民共和国军人地位和权益保障法》《中华人民共和国退役军人保障法》等有关法律，制定本条例。

第二条 本条例所称抚恤优待对象包括：

（一）军人；

（二）服现役和退出现役的残疾军人；

（三）烈士遗属、因公牺牲军人遗属、病故军人遗属；

（四）军人家属；

（五）退役军人。

第三条 军人抚恤优待工作坚持中国共产党的领导。

军人抚恤优待工作应当践行社会主义核心价值观,贯彻待遇与贡献匹配、精神与物质并重、关爱与服务结合的原则,分类保障,突出重点,逐步推进抚恤优待制度城乡统筹,健全抚恤优待标准动态调整机制,确保抚恤优待保障水平与经济社会发展水平、国防和军队建设需要相适应。

第四条 国家保障抚恤优待对象享受社会保障和基本公共服务等公民普惠待遇,同时享受相应的抚恤优待待遇。

在审核抚恤优待对象是否符合享受相应社会保障和基本公共服务等条件时,抚恤金、补助金和优待金不计入抚恤优待对象个人和家庭收入。

第五条 国务院退役军人工作主管部门负责全国的军人抚恤优待工作;县级以上地方人民政府退役军人工作主管部门负责本行政区域内的军人抚恤优待工作。

中央和国家有关机关、中央军事委员会有关部门、地方各级有关机关应当在各自职责范围内做好军人抚恤优待工作。

第六条 按照中央与地方财政事权和支出责任划分原则,军人抚恤优待所需经费主要由中央财政负担,适度加大省级财政投入力度,减轻基层财政压力。

县级以上地方人民政府应当对军人抚恤优待工作经费予以保障。

中央和地方财政安排的军人抚恤优待所需经费和工作经费,实施全过程预算绩效管理,并接受财政、审计部门的监督。

第七条 国家鼓励和引导群团组织、企业事业单位、社会组织、个人等社会力量依法通过捐赠、设立基金、志愿服务等方式为军人抚恤优待工作提供支持和帮助。

全社会应当关怀、尊重抚恤优待对象,开展各种形式的拥军优属活动,营造爱国拥军、尊崇军人浓厚氛围。

第八条 国家推进军人抚恤优待工作信息化,加强抚恤优待对象综合信息平台建设,加强部门协同配合、信息共享,实现对抚恤优待对象的精准识别,提升军人抚恤优待工作服务能力和水平。

国家建立享受定期抚恤补助对象年度确认制度和冒领待遇追责机制,确保抚恤优待资金准确发放。

第九条 对在军人抚恤优待工作中做出显著成绩的单位和个人,按照国家有关规定给予表彰和奖励。

第二章 军人死亡抚恤

第十条 烈士遗属享受烈士褒扬金、一次性抚恤金,并可以按照规定享受定期抚恤金、丧葬补助、一次性特别抚恤金等。

因公牺牲军人遗属、病故军人遗属享受一次性抚恤金,并可以按照规定享受定期抚恤金、丧葬补助、一次性特别抚恤金等。

第十一条 军人牺牲,符合下列情形之一的,评定为烈士:

(一)对敌作战牺牲,或者对敌作战负伤在医疗终结前因伤牺牲的;

(二)因执行任务遭敌人或者犯罪分子杀害,或者被俘、被捕后不屈遭敌人杀害或者被折磨牺牲的;

(三)为抢救和保护国家财产、集体财产、公民生命财产或者执行反恐怖任务和处置突发事件牺牲的;

(四)因执行军事演习、战备航行飞行、空降和导弹发射训练、试航试飞任务以及参加武器装备科研试验牺牲的;

(五)在执行外交任务或者国家派遣的对外援助、维持国际和平任务中牺牲的;

(六)其他牺牲情节特别突出,堪为楷模的。

军人在执行对敌作战、维持国际和平、边海防执勤或者抢险救灾等任务中失踪,被宣告死亡的,按照烈士对待。

评定烈士,属于因战牺牲的,由军队团级以上单位政治工作部门批准;属于非因战牺牲的,由军队军级以上单位政治工作部门批准;属于本条第一款第六项规定情形的,由中央军事委员会政治工作部批准。

第十二条　军人死亡,符合下列情形之一的,确认为因公牺牲:

(一)在执行任务中、工作岗位上或者在上下班途中,由于意外事件死亡的;

(二)被认定为因战、因公致残后因旧伤复发死亡的;

(三)因患职业病死亡的;

(四)在执行任务中或者在工作岗位上因病猝然死亡的;

(五)其他因公死亡的。

军人在执行对敌作战、维持国际和平、边海防执勤或者抢险救灾以外的其他任务中失踪,被宣告死亡的,按照因公牺牲对待。

军人因公牺牲,由军队团级以上单位政治工作部门确认;属于本条第一款第五项规定情形的,由军队军级以上单位政治工作部门确认。

第十三条　军人除本条例第十二条第一款第三项、第四项规定情形以外,因其他疾病死亡的,确认为病故。

军人非执行任务死亡,或者失踪被宣告死亡的,按照病故对待。

军人病故,由军队团级以上单位政治工作部门确认。

第十四条　军人牺牲被评定为烈士、确认为因公牺牲或者病故后,由军队有关部门或者单位向烈士遗属、因公牺牲军人遗属、病故军人遗属户籍所在地县级人民政府退役军人工作主管部门发送《烈士评定通知书》、《军人因公牺牲通知书》、《军人病故通知书》和《军人因公牺牲证明书》、《军人病故证明书》。烈士证书的颁发按照《烈士褒扬条例》的规定执行,《军人因公牺牲证明书》、《军人病故证明书》由本条规定的县级人民政府退役军人工作主管部门发给因公牺牲军人遗属、病故军人遗属。

遗属均为军人且无户籍的,军人单位所在地作为遗属户籍地。

第十五条　烈士褒扬金由领取烈士证书的烈士遗属户籍所在

地县级人民政府退役军人工作主管部门,按照烈士牺牲时上一年度全国城镇居民人均可支配收入30倍的标准发给其遗属。战时,参战牺牲的烈士褒扬金标准可以适当提高。

军人死亡,根据其死亡性质和死亡时的月基本工资标准,由收到《烈士评定通知书》《军人因公牺牲通知书》《军人病故通知书》的县级人民政府退役军人工作主管部门,按照以下标准发给其遗属一次性抚恤金:烈士和因公牺牲的,为上一年度全国城镇居民人均可支配收入的20倍加本人40个月的基本工资;病故的,为上一年度全国城镇居民人均可支配收入的2倍加本人40个月的基本工资。月基本工资或者津贴低于少尉军官基本工资标准的,按照少尉军官基本工资标准计算。被追授军衔的,按照所追授的军衔等级以及相应待遇级别确定月基本工资标准。

第十六条 服现役期间获得功勋荣誉表彰的军人被评定为烈士、确认为因公牺牲或者病故的,其遗属在应当享受的一次性抚恤金的基础上,由县级人民政府退役军人工作主管部门按照下列比例增发一次性抚恤金:

(一)获得勋章或者国家荣誉称号的,增发40%;

(二)获得党中央、国务院、中央军事委员会单独或者联合授予荣誉称号的,增发35%;

(三)立一等战功、获得一级表彰或者获得中央军事委员会授权的单位授予荣誉称号的,增发30%;

(四)立二等战功、一等功或者获得二级表彰并经批准的,增发25%;

(五)立三等战功或者二等功的,增发15%;

(六)立四等战功或者三等功的,增发5%。

军人死亡后被追授功勋荣誉表彰的,比照前款规定增发一次性抚恤金。

服现役期间多次获得功勋荣誉表彰的烈士、因公牺牲军人、病故军人,其遗属由县级人民政府退役军人工作主管部门按照其中最高的增发比例,增发一次性抚恤金。

第十七条 对生前作出特殊贡献的烈士、因公牺牲军人、病故军人,除按照本条例规定发给其遗属一次性抚恤金外,军队可以按照有关规定发给其遗属一次性特别抚恤金。

第十八条 烈士褒扬金发给烈士的父母(抚养人)、配偶、子女;没有父母(抚养人)、配偶、子女的,发给未满18周岁的兄弟姐妹和已满18周岁但无生活费来源且由该军人生前供养的兄弟姐妹。

一次性抚恤金发给烈士遗属、因公牺牲军人遗属、病故军人遗属,遗属的范围按照前款规定确定。

第十九条 对符合下列条件的烈士遗属、因公牺牲军人遗属、病故军人遗属,由其户籍所在地县级人民政府退役军人工作主管部门依据其申请,在审核确认其符合条件当月起发给定期抚恤金:

(一)父母(抚养人)、配偶无劳动能力、无生活费来源,或者收入水平低于当地居民平均生活水平的;

(二)子女未满18周岁或者已满18周岁但因上学或者残疾无生活费来源的;

(三)兄弟姐妹未满18周岁或者已满18周岁但因上学无生活费来源且由该军人生前供养的。

定期抚恤金标准应当参照上一年度全国居民人均可支配收入水平确定,具体标准及其调整办法,由国务院退役军人工作主管部门会同国务院财政部门规定。

第二十条 烈士、因公牺牲军人、病故军人生前的配偶再婚后继续赡养烈士、因公牺牲军人、病故军人父母(抚养人),继续抚养烈士、因公牺牲军人、病故军人生前供养的未满18周岁或者已满18周岁但无劳动能力且无生活费来源的兄弟姐妹的,由其户籍所在地县级人民政府退役军人工作主管部门继续发放定期抚恤金。

第二十一条 对领取定期抚恤金后生活仍有特殊困难的烈士遗属、因公牺牲军人遗属、病故军人遗属,县级以上地方人民政府可以增发抚恤金或者采取其他方式予以困难补助。

第二十二条　享受定期抚恤金的烈士遗属、因公牺牲军人遗属、病故军人遗属死亡的，继续发放6个月其原享受的定期抚恤金，作为丧葬补助。

第二十三条　军人失踪被宣告死亡的，在其被评定为烈士、确认为因公牺牲或者病故后，又经法定程序撤销对其死亡宣告的，由原评定或者确认机关取消其烈士、因公牺牲军人或者病故军人资格，并由发证机关收回有关证件，终止其家属原享受的抚恤待遇。

第三章　军人残疾抚恤

第二十四条　残疾军人享受残疾抚恤金，并可以按照规定享受供养待遇、护理费等。

第二十五条　军人残疾，符合下列情形之一的，认定为因战致残：

（一）对敌作战负伤致残的；

（二）因执行任务遭敌人或者犯罪分子伤害致残，或者被俘、被捕后不屈遭敌人伤害或者被折磨致残的；

（三）为抢救和保护国家财产、集体财产、公民生命财产或者执行反恐怖任务和处置突发事件致残的；

（四）因执行军事演习、战备航行飞行、空降和导弹发射训练、试航试飞任务以及参加武器装备科研试验致残的；

（五）在执行外交任务或者国家派遣的对外援助、维持国际和平任务中致残的；

（六）其他因战致残的。

军人残疾，符合下列情形之一的，认定为因公致残：

（一）在执行任务中、工作岗位上或者在上下班途中，由于意外事件致残的；

（二）因患职业病致残的；

（三）在执行任务中或者在工作岗位上突发疾病受伤致残的；
（四）其他因公致残的。

义务兵和初级军士除前款第二项、第三项规定情形以外，因其他疾病导致残疾的，认定为因病致残。

第二十六条　残疾的等级，根据劳动功能障碍程度和生活自理障碍程度确定，由重到轻分为一级至十级。

残疾等级的具体评定标准由国务院退役军人工作主管部门会同国务院人力资源社会保障部门、卫生健康部门和军队有关部门规定。

第二十七条　军人因战、因公致残经治疗伤情稳定后，符合评定残疾等级条件的，应当及时评定残疾等级。义务兵和初级军士因病致残经治疗病情稳定后，符合评定残疾等级条件的，本人（无民事行为能力人或者限制民事行为能力人由其监护人）或者所在单位应当及时提出申请，在服现役期间评定残疾等级。

因战、因公致残，残疾等级被评定为一级至十级的，享受抚恤；因病致残，残疾等级被评定为一级至六级的，享受抚恤。评定残疾等级的，从批准当月起发给残疾抚恤金。

第二十八条　因战、因公、因病致残性质的认定和残疾等级的评定权限是：

（一）义务兵和初级军士的残疾，由军队军级以上单位卫生部门会同相关部门认定和评定；

（二）军官、中级以上军士的残疾，由军队战区级以上单位卫生部门会同相关部门认定和评定；

（三）退出现役的军人和移交政府安置的军队离休退休干部、退休军士需要认定残疾性质和评定残疾等级的，由省级人民政府退役军人工作主管部门认定和评定。

评定残疾等级，应当依据医疗卫生专家小组出具的残疾等级医学鉴定意见。

残疾军人由认定残疾性质和评定残疾等级的机关发给《中华

人民共和国残疾军人证》。

第二十九条 军人因战、因公致残,未及时评定残疾等级,退出现役后,本人(无民事行为能力人或者限制民事行为能力人由其监护人)应当及时申请补办评定残疾等级;凭原始档案记载及原始病历能够证明服现役期间的残情和伤残性质符合评定残疾等级条件的,可以评定残疾等级。

被诊断、鉴定为职业病或者因体内残留弹片致残,符合残疾等级评定条件的,可以补办评定残疾等级。

军人被评定残疾等级后,在服现役期间或者退出现役后原致残部位残疾情况发生明显变化,原定残疾等级与残疾情况明显不符,本人(无民事行为能力人或者限制民事行为能力人由其监护人)申请或者军队卫生部门、地方人民政府退役军人工作主管部门提出需要调整残疾等级的,可以重新评定残疾等级。申请调整残疾等级应当在上一次评定残疾等级1年后提出。

第三十条 退出现役的残疾军人或者向政府移交的残疾军人,应当自军队办理退役手续或者移交手续后60日内,向户籍迁入地县级人民政府退役军人工作主管部门申请转入抚恤关系,按照残疾性质和等级享受残疾抚恤金。其退役或者向政府移交当年的残疾抚恤金由所在部队发给,迁入地县级人民政府退役军人工作主管部门从下一年起按照当地的标准发给。

因工作需要继续服现役的残疾军人,经军队军级以上单位批准,由所在部队按照规定发给残疾抚恤金。

第三十一条 残疾军人的抚恤金标准应当参照上一年度全国城镇单位就业人员年平均工资水平确定。残疾抚恤金的标准以及一级至十级残疾军人享受残疾抚恤金的具体办法,由国务院退役军人工作主管部门会同国务院财政部门规定。

对领取残疾抚恤金后生活仍有特殊困难的残疾军人,县级以上地方人民政府可以增发抚恤金或者采取其他方式予以困难补助。

第三十二条　退出现役的因战、因公致残的残疾军人因旧伤复发死亡的,由县级人民政府退役军人工作主管部门按照因公牺牲军人的抚恤金标准发给其遗属一次性抚恤金,其遗属按照国家规定享受因公牺牲军人遗属定期抚恤金待遇。

退出现役的残疾军人因病死亡的,对其遗属继续发放12个月其原享受的残疾抚恤金,作为丧葬补助;其中,因战、因公致残的一级至四级残疾军人因病死亡的,其遗属按照国家规定享受病故军人遗属定期抚恤金待遇。

第三十三条　退出现役时为一级至四级的残疾军人,由国家供养终身;其中,对需要长年医疗或者独身一人不便分散供养的,经省级人民政府退役军人工作主管部门批准,可以集中供养。

第三十四条　对退出现役时分散供养的一级至四级、退出现役后补办或者调整为一级至四级、服现役期间因患精神障碍评定为五级至六级的残疾军人发给护理费,护理费的标准为:

(一)因战、因公一级和二级残疾的,为当地上一年度城镇单位就业人员月平均工资的50%;

(二)因战、因公三级和四级残疾的,为当地上一年度城镇单位就业人员月平均工资的40%;

(三)因病一级至四级残疾的,为当地上一年度城镇单位就业人员月平均工资的30%;

(四)因精神障碍五级至六级残疾的,为当地上一年度城镇单位就业人员月平均工资的25%。

退出现役并移交地方的残疾军人的护理费,由县级以上地方人民政府退役军人工作主管部门发给。未退出现役或者未移交地方的残疾军人的护理费,由所在部队按照军队有关规定发给。移交政府安置的离休退休残疾军人的护理费,按照国家和军队有关规定执行。

享受护理费的残疾军人在优抚医院集中收治期间,护理费由优抚医院统筹使用。享受护理费的残疾军人在部队期间,由单位从地方购买照护服务的,护理费按照规定由单位纳入购买社会服务费用统一管理使用。

第三十五条　残疾军人因残情需要配制假肢、轮椅、助听器等康复辅助器具,正在服现役的,由军队军级以上单位负责解决;退出现役的,由省级人民政府退役军人工作主管部门负责解决,所需经费由省级人民政府保障。

第四章　优　　待

第三十六条　抚恤优待对象依法享受家庭优待金、荣誉激励、关爱帮扶,以及教育、医疗、就业、住房、养老、交通、文化等方面的优待。

第三十七条　国家完善抚恤优待对象表彰、奖励办法,构建精神与物质并重的荣誉激励制度体系,建立抚恤优待对象荣誉激励机制,健全邀请参加重大庆典活动、开展典型宣传、悬挂光荣牌、制发优待证、送喜报、载入地方志、组织短期疗养等政策制度。

第三十八条　国家建立抚恤优待对象关爱帮扶机制,逐步完善抚恤优待对象生活状况信息档案登记制度,有条件的地方可以设立退役军人关爱基金,充分利用退役军人关爱基金等开展帮扶援助,加大对生活发生重大变故、遇到特殊困难的抚恤优待对象的关爱帮扶力度。

乡镇人民政府、街道办事处通过入户走访等方式,主动了解本行政区域抚恤优待对象的生活状况,及时发现生活困难的抚恤优待对象,提供协助申请、组织帮扶等服务。基层群众性自治组织应当协助做好抚恤优待对象的走访帮扶工作。鼓励发挥社会组织、社会工作者和志愿者作用,为抚恤优待对象提供心理疏导、精神抚慰、法律援助、人文关怀等服务。县级以上人民政府应当采取措施,为乡镇人民政府、街道办事处以及基层群众性自治组织开展相关工作提供条件和支持。

第三十九条　国家对烈士遗属逐步加大教育、医疗、就业、养老、住房、交通、文化等方面的优待力度。

国务院有关部门、军队有关部门和地方人民政府应当关心烈士遗属的生活情况，开展走访慰问，及时给予烈士遗属荣誉激励和精神抚慰。

烈士子女符合公务员、社区专职工作人员考录、聘用条件的，在同等条件下优先录用或者聘用。

第四十条　烈士、因公牺牲军人、病故军人的子女、兄弟姐妹以及军人子女，本人自愿应征并且符合征兵条件的，优先批准服现役；报考军队文职人员的，按照规定享受优待。

第四十一条　国家兴办优抚医院、光荣院，按照规定为抚恤优待对象提供优待服务。县级以上人民政府应当充分利用现有医疗和养老服务资源，因地制宜加强优抚医院、光荣院建设，收治或者集中供养孤老、生活不能自理的退役军人。

参战退役军人、烈士遗属、因公牺牲军人遗属、病故军人遗属和军人家属，符合规定条件申请在国家兴办的优抚医院、光荣院集中供养、住院治疗、短期疗养的，享受优先、优惠待遇。

各类社会福利机构应当优先接收抚恤优待对象。烈士遗属、因公牺牲军人遗属、病故军人遗属和军人家属，符合规定条件申请入住公办养老机构的，同等条件下优先安排。

第四十二条　国家建立中央和地方财政分级负担的义务兵家庭优待金制度，义务兵服现役期间，其家庭由批准入伍地县级人民政府发给优待金，同时按照规定享受其他优待。

义务兵和军士入伍前依法取得的农村土地承包经营权，服现役期间应当保留。

义务兵从部队发出的平信，免费邮递。

第四十三条　烈士子女报考普通高中、中等职业学校、高等学校，按照《烈士褒扬条例》等法律法规和国家有关规定享受优待。在公办幼儿园和公办学校就读的，按照国家有关规定享受各项学生资助等政策。

因公牺牲军人子女、一级至四级残疾军人子女报考普通高中、中等职业学校、高等学校，在录取时按照国家有关规定给予优待；接受学历教育的，按照国家有关规定享受各项学生资助等政策。

军人子女入读公办义务教育阶段学校和普惠性幼儿园，可以在本人、父母、祖父母、外祖父母或者其他法定监护人户籍所在地，或者父母居住地、部队驻地入学，享受当地军人子女教育优待政策；报考普通高中、中等职业学校、高等学校，按照国家有关规定优先录取；接受学历教育的，按照国家有关规定享受各项学生资助等政策。地方各级人民政府及其有关部门应当按照法律法规和国家有关规定为军人子女创造接受良好教育的条件。

残疾军人、义务兵和初级军士退出现役后，报考中等职业学校和高等学校，按照国家有关规定享受优待。优先安排残疾军人参加学习培训，按照规定享受国家资助政策。退役军人按照规定免费参加教育培训。符合条件的退役大学生士兵复学、转专业、攻读硕士研究生等，按照国家有关规定享受优待政策。

抚恤优待对象享受教育优待的具体办法由国务院退役军人工作主管部门会同国务院教育部门规定。

第四十四条 国家对一级至六级残疾军人的医疗费用按照规定予以保障，其中参加工伤保险的一级至六级残疾军人旧伤复发的医疗费用，由工伤保险基金支付。

七级至十级残疾军人旧伤复发的医疗费用，已经参加工伤保险的，由工伤保险基金支付；未参加工伤保险，有工作单位的由工作单位解决，没有工作单位的由当地县级以上地方人民政府负责解决。七级至十级残疾军人旧伤复发以外的医疗费用，未参加医疗保险且本人支付有困难的，由当地县级以上地方人民政府酌情给予补助。

抚恤优待对象在军队医疗卫生机构和政府举办的医疗卫生机构按照规定享受优待服务，国家鼓励社会力量举办的医疗卫生机构为抚恤优待对象就医提供优待服务。参战退役军人、残疾军人按照规定享受医疗优惠。

抚恤优待对象享受医疗优待和优惠的具体办法由国务院退役军人工作主管部门和中央军事委员会后勤保障部会同国务院财政、卫生健康、医疗保障等部门规定。

中央财政对地方给予适当补助,用于帮助解决抚恤优待对象的医疗费用困难问题。

第四十五条 义务兵和军士入伍前是机关、群团组织、事业单位或者国有企业工作人员,退出现役后以自主就业方式安置的,可以选择复职复工,其工资、福利待遇不得低于本单位同等条件工作人员的平均水平;服现役期间,其家属继续享受该单位工作人员家属的有关福利待遇。

残疾军人、义务兵和初级军士退出现役后,报考公务员的,按照国家有关规定享受优待。

第四十六条 国家依法保障军人配偶就业安置权益。机关、群团组织、企业事业单位、社会组织和其他组织,应当依法履行接收军人配偶就业安置的义务。经军队团级以上单位政治工作部门批准随军的军官家属、军士家属,由驻军所在地公安机关办理落户手续。

军人配偶随军前在机关或者事业单位工作的,由安置地人民政府及其主管部门按照国家有关规定,安排到相应的工作单位。其中,随军前是公务员的,采取转任等方式,在规定的编制限额和职数内,结合当地和随军家属本人实际情况,原则上安置到机关相应岗位;随军前是事业单位工作人员的,采取交流方式,在规定的编制限额和设置的岗位数内,结合当地和随军家属本人实际情况,原则上安置到事业单位相应岗位。经个人和接收单位双向选择,也可以按照规定安置到其他单位适宜岗位。

军人配偶随军前在其他单位工作或者无工作单位且有就业能力和就业意愿的,由安置地人民政府提供职业指导、职业介绍、职业培训等就业服务,按照规定落实相关扶持政策,帮助其实现就业。

烈士遗属、因公牺牲军人遗属和符合规定条件的军人配偶,当地人民政府应当优先安排就业。符合条件的军官和军士退出现役时,其配偶和子女可以按照国家有关规定随调随迁。

第四十七条 国家鼓励有用工需求的用人单位优先安排随军家属就业。国有企业在新招录职工时,应当按照用工需求的适当比例聘用随军家属;有条件的民营企业在新招录职工时,可以按照用工需求的适当比例聘用随军家属。

国家鼓励和扶持有条件、有意愿的军人配偶自主就业、自主创业,按照规定落实相关扶持政策。

第四十八条 驻边疆国境的县(市)、沙漠区、国家确定的边远地区中的三类地区和军队确定的特、一、二类岛屿部队的军官、军士,其符合随军条件无法随军的家属,可以选择在军人、军人配偶原户籍所在地或者军人父母、军人配偶父母户籍所在地自愿落户,所在地人民政府应当妥善安置。

第四十九条 随军的烈士遗属、因公牺牲军人遗属、病故军人遗属,移交地方人民政府安置的,享受本条例和当地人民政府规定的优待。

第五十条 退出现役后,在机关、群团组织、企业事业单位和社会组织工作的残疾军人,享受与所在单位工伤人员同等的生活福利和医疗待遇。所在单位不得因其残疾将其辞退、解除聘用合同或者劳动合同。

第五十一条 国家适应住房保障制度改革发展要求,逐步完善抚恤优待对象住房优待办法,适当加大对参战退役军人、烈士遗属、因公牺牲军人遗属、病故军人遗属的优待力度。符合当地住房保障条件的抚恤优待对象承租、购买保障性住房的,县级以上地方人民政府有关部门应当给予优先照顾。居住农村的符合条件的抚恤优待对象,同等条件下优先纳入国家或者地方实施的农村危房改造相关项目范围。

第五十二条 军人凭军官证、军士证、义务兵证、学员证等有效证件,残疾军人凭《中华人民共和国残疾军人证》,烈士遗属、因公牺牲军人遗属、病故军人遗属凭优待证,乘坐境内运行的铁路旅客列车、轮船、长途客运班车和民航班机,享受购票、安检、候乘、通行等优先服务,随同出行的家属可以一同享受优先服务;残疾军人享受减收国内运输经营者对外公布票价50%的优待。

军人、残疾军人凭证免费乘坐市内公共汽车、电车、轮渡和轨道交通工具。

第五十三条 抚恤优待对象参观游览图书馆、博物馆、美术馆、科技馆、纪念馆、体育场馆等公共文化设施和公园、展览馆、名胜古迹等按照规定享受优待及优惠服务。

第五十四条 军人依法享受个人所得税优惠政策。退役军人从事个体经营或者企业招用退役军人,符合条件的,依法享受税收优惠。

第五章 法律责任

第五十五条 军人抚恤优待管理单位及其工作人员挪用、截留、私分军人抚恤优待所需经费和工作经费,构成犯罪的,依法追究相关责任人员的刑事责任;尚不构成犯罪的,对相关责任人员依法给予处分。被挪用、截留、私分的军人抚恤优待所需经费和工作经费,由上一级人民政府退役军人工作主管部门、军队有关部门责令追回。

第五十六条 军人抚恤优待管理单位及其工作人员、参与军人抚恤优待工作的单位及其工作人员有下列行为之一的,由其上级主管部门责令改正;情节严重,构成犯罪的,依法追究相关责任人员的刑事责任;尚不构成犯罪的,对相关责任人员依法给予处分:

（一）违反规定审批军人抚恤待遇的；

（二）在审批军人抚恤待遇工作中出具虚假诊断、鉴定、证明的；

（三）不按照规定的标准、数额、对象审批或者发放抚恤金、补助金、优待金的；

（四）在军人抚恤优待工作中利用职权谋取私利的；

（五）有其他违反法律法规行为的。

第五十七条　负有军人优待义务的单位不履行优待义务的，由县级以上地方人民政府退役军人工作主管部门责令限期履行义务；逾期仍未履行的，处以2万元以上5万元以下罚款；对直接负责的主管人员和其他直接责任人员，依法给予处分。因不履行优待义务使抚恤优待对象受到损失的，应当依法承担赔偿责任。

第五十八条　抚恤优待对象及其他人员有下列行为之一的，由县级以上地方人民政府退役军人工作主管部门、军队有关部门取消相关待遇、追缴违法所得，并由其所在单位或者有关部门依法给予处分；构成犯罪的，依法追究刑事责任：

（一）冒领抚恤金、补助金、优待金的；

（二）伪造残情、伤情、病情骗取医药费等费用或者相关抚恤优待待遇的；

（三）出具虚假证明，伪造证件、印章骗取抚恤金、补助金、优待金的；

（四）其他弄虚作假骗取抚恤优待待遇的。

第五十九条　抚恤优待对象被判处有期徒刑、剥夺政治权利或者被通缉期间，中止发放抚恤金、补助金；被判处死刑、无期徒刑以及被军队开除军籍的，取消其抚恤优待资格。

抚恤优待对象有前款规定情形的，由省级人民政府退役军人工作主管部门按照国家有关规定中止或者取消其抚恤优待相关待遇，报国务院退役军人工作主管部门备案。

第六章　附　　则

第六十条　本条例适用于中国人民武装警察部队。

第六十一条　军队离休退休干部和退休军士的抚恤优待，按照本条例有关军人抚恤优待的规定执行。

参试退役军人参照本条例有关参战退役军人的规定执行。

因参战以及参加非战争军事行动、军事训练和执行军事勤务伤亡的预备役人员、民兵、民工、其他人员的抚恤，参照本条例的有关规定办理。

第六十二条　国家按照规定为符合条件的参战退役军人、带病回乡退役军人、年满60周岁农村籍退役士兵、1954年10月31日之前入伍后经批准退出现役的人员，以及居住在农村和城镇无工作单位且年满60周岁、在国家建立定期抚恤金制度时已满18周岁的烈士子女，发放定期生活补助。

享受国家定期生活补助的参战退役军人去世后，继续发放6个月其原享受的定期生活补助，作为丧葬补助。

第六十三条　深化国防和军队改革期间现役军人转改的文职人员，按照本条例有关军人抚恤优待的规定执行。

其他文职人员因在作战和有作战背景的军事行动中承担支援保障任务、参加非战争军事行动以及军级以上单位批准且列入军事训练计划的军事训练伤亡的抚恤优待，参照本条例的有关规定办理。

第六十四条　本条例自2024年10月1日起施行。

法规规章备案审查条例

(2024年8月19日国务院第39次常务会议通过 2024年8月30日中华人民共和国国务院令第789号公布 自2024年11月1日起施行)

第一条 为了规范法规、规章备案审查工作,提高备案审查能力和质量,加强对法规、规章的监督,维护社会主义法制的统一,根据《中华人民共和国立法法》的有关规定,制定本条例。

第二条 本条例所称法规,是指省、自治区、直辖市和设区的市、自治州的人民代表大会及其常务委员会依照法定权限和程序制定的地方性法规,经济特区所在地的省、市的人民代表大会及其常务委员会依照法定权限和程序制定的经济特区法规,上海市人民代表大会及其常务委员会依照法定权限和程序制定的浦东新区法规,海南省人民代表大会及其常务委员会依照法定权限和程序制定的海南自由贸易港法规,以及自治州、自治县的人民代表大会依照法定权限和程序制定的自治条例和单行条例。

本条例所称规章,包括部门规章和地方政府规章。部门规章,是指国务院各部、各委员会、中国人民银行、审计署和具有行政管理职能的直属机构以及法律规定的机构(以下统称国务院部门)根据法律和国务院的行政法规、决定、命令,在本部门的权限范围内依照《规章制定程序条例》制定的规章。地方政府规章,是指省、自治区、直辖市和设区的市、自治州的人民政府根据法律、行政法规和本省、自治区、直辖市的地方性法规,依照《规章制定程序条例》制定的规章。

第三条 法规、规章备案审查工作应当坚持中国共产党的领导,坚持以人民为中心,坚持有件必备、有备必审、有错必纠,依照法定权限和程序进行。

第四条 法规、规章公布后,应当自公布之日起30日内,依照下列规定报送备案:

(一)地方性法规、自治州和自治县的自治条例和单行条例由省、自治区、直辖市的人民代表大会常务委员会报国务院备案;

(二)部门规章由国务院部门报国务院备案,两个或者两个以上部门联合制定的规章,由主办的部门报国务院备案;

(三)省、自治区、直辖市人民政府规章由省、自治区、直辖市人民政府报国务院备案;

(四)设区的市、自治州的人民政府规章由设区的市、自治州的人民政府报国务院备案,同时报省、自治区人民政府备案;

(五)经济特区法规由经济特区所在地的省、市的人民代表大会常务委员会报国务院备案,浦东新区法规由上海市人民代表大会常务委员会报国务院备案,海南自由贸易港法规由海南省人民代表大会常务委员会报国务院备案。

第五条 国务院部门,省、自治区、直辖市和设区的市、自治州的人民政府应当依法履行规章备案职责,加强对规章备案工作的组织领导。

国务院部门法制机构,省、自治区、直辖市人民政府和设区的市、自治州的人民政府法制机构,具体负责本部门、本地方的规章备案工作。

第六条 国务院备案审查工作机构依照本条例的规定负责国务院的法规、规章备案工作,履行备案审查监督职责,健全备案审查工作制度,每年向国务院报告上一年法规、规章备案审查工作情况。

第七条 国务院备案审查工作机构应当通过备案审查衔接联动机制加强与其他机关备案审查工作机构的联系,在双重备案联动、移交处理、征求意见、会商协调、信息共享、能力提升等方面加强协作配合。

第八条 依照本条例报送国务院备案的法规、规章,径送国务院备案审查工作机构。

报送法规备案,按照全国人民代表大会常务委员会关于法规备案的有关规定执行。

报送规章备案,应当提交备案报告、规章文本和说明,并按照规定的格式装订成册,一式三份。

报送法规、规章备案,应当同时报送法规、规章的电子文本。

第九条 报送法规、规章备案,符合本条例第二条和第八条第二款、第三款、第四款规定的,国务院备案审查工作机构予以备案登记;不符合第二条规定的,不予备案登记;符合第二条规定但不符合第八条第二款、第三款、第四款规定的,暂缓办理备案登记。

暂缓办理备案登记的,由国务院备案审查工作机构通知制定机关补充报送备案或者重新报送备案;制定机关应当自收到通知之日起15日内按照要求补充或者重新报送备案;补充或者重新报送备案符合规定的,予以备案登记。

第十条 经备案登记的法规、规章,由国务院备案审查工作机构按月公布目录。

编辑出版法规、规章汇编的范围,应当以公布的法规、规章目录为准。

第十一条 国务院备案审查工作机构对报送备案的法规、规章进行主动审查,并可以根据需要进行专项审查。主动审查一般应当在审查程序启动后2个月内完成;情况疑难复杂的,为保证审查质量,可以适当延长审查期限。

国务院备案审查工作机构发现法规、规章存在涉及其他机关备案审查工作职责范围的共性问题的,可以与其他机关备案审查工作机构开展联合调研或者联合审查,共同研究提出审查意见和建议。

第十二条 国家机关、社会组织、企业事业单位、公民认为地方性法规同行政法规相抵触的,或者认为规章以及国务院各部门、省、自治区、直辖市和设区的市、自治州的人民政府发布的其他具有普遍约束力的行政决定、命令同法律、行政法规相抵触的,可以向国务院书面提出审查建议,由国务院备案审查工作机构研究并提出处理意见,按照规定程序处理。

第十三条　国务院备案审查工作机构对报送国务院备案的法规、规章,就下列事项进行审查:

（一）是否符合党中央、国务院的重大决策部署和国家重大改革方向;

（二）是否超越权限;

（三）下位法是否违反上位法的规定;

（四）地方性法规与部门规章之间或者不同规章之间对同一事项的规定不一致,是否应当改变或者撤销一方的或者双方的规定;

（五）规章的规定是否适当,规定的措施是否符合立法目的和实际情况;

（六）是否违背法定程序。

第十四条　国务院备案审查工作机构审查法规、规章时,认为需要有关的国务院部门或者地方人民政府提出意见的,有关的机关应当在规定期限内回复;认为需要法规、规章的制定机关说明有关情况的,有关的制定机关应当在规定期限内予以说明。

第十五条　国务院备案审查工作机构审查法规、规章时,可以通过座谈会、论证会、听证会、委托研究、实地调研等方式,听取国家机关、社会组织、企业事业单位、专家学者以及利益相关方的意见,并注重发挥备案审查专家委员会的作用。

第十六条　经审查,地方性法规同行政法规相抵触的,由国务院备案审查工作机构移送全国人民代表大会常务委员会工作机构研究处理;必要时由国务院提请全国人民代表大会常务委员会处理。

第十七条　地方性法规与部门规章之间对同一事项的规定不一致的,由国务院备案审查工作机构提出处理意见,报国务院依照《中华人民共和国立法法》的有关规定处理。

第十八条　经审查,认为规章应当予以纠正的,国务院备案审查工作机构可以通过与制定机关沟通、提出书面审查意见等方式，建议制定机关及时修改或者废止；或者由国务院备案审查工作机构提出处理意见报国务院决定，并通知制定机关。

第十九条　部门规章之间、部门规章与地方政府规章之间对同一事项的规定不一致的，由国务院备案审查工作机构进行协调；经协调不能取得一致意见的，由国务院备案审查工作机构提出处理意见报国务院决定，并通知制定机关。

第二十条　对《规章制定程序条例》规定的无效规章，国务院备案审查工作机构不予备案，并通知制定机关。

规章在制定技术上存在问题的，国务院备案审查工作机构可以向制定机关提出处理意见，由制定机关自行处理。

第二十一条　规章的制定机关应当自接到本条例第十八条、第十九条、第二十条规定的通知之日起30日内，将处理情况报国务院备案审查工作机构。

第二十二条　法规、规章的制定机关应当于每年1月31日前将上一年所制定的法规、规章目录报国务院备案审查工作机构。

第二十三条　对于不报送规章备案或者不按时报送规章备案的，由国务院备案审查工作机构通知制定机关，限期报送；逾期仍不报送的，给予通报，并责令限期改正。

第二十四条　国务院备案审查工作机构应当加强对省、自治区、直辖市人民政府法制机构规章备案审查工作的联系和指导，通过培训、案例指导等方式，推动省、自治区、直辖市人民政府提高规章备案审查工作能力和质量。

第二十五条　省、自治区、直辖市人民政府应当依法加强对下级行政机关发布的规章和其他具有普遍约束力的行政决定、命令的监督，依照本条例的有关规定，建立相关的备案审查制度，维护社会主义法制的统一，保证法律、法规的正确实施。

第二十六条　本条例自2024年11月1日起施行。2001年12月14日国务院发布的《法规规章备案条例》同时废止。

国务院文件

国务院办公厅关于以高水平开放推动服务贸易高质量发展的意见

（2024年8月28日　国办发〔2024〕44号）

服务贸易是国际贸易的重要组成部分和国际经贸合作的重要领域，在构建新发展格局中具有重要作用。加快发展服务贸易是扩大高水平对外开放、培育外贸发展新动能的必然要求。为创新提升服务贸易，以高水平开放推动服务贸易高质量发展，加快建设贸易强国，经国务院同意，现提出以下意见。

一、总体要求

以习近平新时代中国特色社会主义思想为指导，全面贯彻党的二十大和二十届二中、三中全会精神，完整准确全面贯彻新发展理念，加快构建新发展格局，着力推动高质量发展，统筹发展和安全，以服务开放推动包容发展，以服务合作促进联动融通，以服务创新培育发展动能，以服务共享创造美好未来，加快推进服务贸易数字化、智能化、绿色化进程，推动服务贸易规模增长、结构优化、效益提升、实力增强，为建设更高水平开放型经济新体制、扎实推进中国式现代化建设作出更大贡献。

二、推动服务贸易制度型开放

（一）建立健全跨境服务贸易负面清单管理制度。全面实施跨境服务贸易负面清单，建立相应管理制度，负面清单之外的跨境服务贸易按照境内外服务及服务提供者待遇一致原则实施管理。加强各项行政审批、许可、备案等事项与跨境服务贸易负面清单的工作衔接,及时调整与负面清单不符的法规规章、规范性文件。提升负面清单管理能力,加强重点行业监管,优化资金、技术、人员、数据等要素跨境流动监管。建立对服务贸易领域重大开放举措的风险评估、预警和防控机制,加强对重点敏感领域的风险监测。研究建设与负面清单管理相适应的全国跨境服务贸易信息平台,加强部门间信息共享。

(二)发挥对外开放平台引领作用。扩大自主开放,深入探索"自上而下"和"自下而上"的开放路径,充分发挥自由贸易试验区、海南自由贸易港的开放先行和压力测试作用,稳步推进全国跨境服务贸易梯度开放。建设国家服务贸易创新发展示范区,在跨境服务贸易市场准入、完善跨境服务贸易全链条监管、建立风险管理和监测预警机制等方面加大探索力度,打造服务贸易综合改革开放平台和高质量发展高地。

(三)加强规则对接和规制协调。高质量实施《区域全面经济伙伴关系协定》(RCEP)等区域经贸安排中服务贸易开放承诺和相关规则,主动对接《全面与进步跨太平洋伙伴关系协定》(CPTPP)等国际高标准经贸规则,深化国内服务贸易领域改革。参照世界贸易组织《服务贸易国内规制参考文件》,规范服务领域许可、资质和技术标准,简化许可审批程序,提高监管政策透明度,降低跨境服务贸易成本。研究开展服务提供者认证工作。

(四)提升服务贸易标准化水平。实施服务贸易标准化行动计划,加快制定服务贸易领域标准。开展服务贸易标准国际化工作,鼓励在具备条件的领域采用国际通用标准。

三、促进资源要素跨境流动

(五)便利专业人才跨境流动。为外商投资企业管理人员、技术人员及其随行家属入出境提供便利。为外籍高层次人才及其科研辅助人员来华投资创业、工作、讲学、经贸交流提供办理签证和停居留证件等入出境便利。畅通外籍高层次人才来华创业渠道,允许境外专业人才按照有关要求取得国内职业资格和特定开放领域就业机会。支持有条件的地方建立健全境外职业资格证书认可清单,扩大职业资格国际互认试点。

(六)优化跨境资金流动管理。完善外汇管理措施,探索基于企业信用的分级管理,提高服务贸易及服务领域对外投资的外汇业务便利度。扩大人民币在服务贸易领域的跨境使用,支持开展人民币跨境贸易融资和再融资业务。

(七)促进技术成果交易和运用。完善技术贸易管理和促进体系,打造创新资源对接平台,拓展国际技术合作网络,促进知识产权国际化运营,对研发中心技术跨境转移给予便利化安排。规范探索通过知识产权证券化、科技保险等方式推动科技成果转化运用。鼓励商业银行采用知识产权质押、预期收益质押等融资方式,促进技术成果转化和交易。

(八)推动数据跨境高效便利安全流动。在具备条件的地区开通国际互联网数据专用通道。支持在国家数据跨境传输安全管理制度框架下,建立高效便利安全的数据跨境流动机制,高效开展重要数据和个人信息出境安全评估,优化服务贸易数字化发展环境。

四、推进重点领域创新发展

(九)增强国际运输服务能力。支持国内航运企业开辟新航线,完善面向国际的海运服务网络。推进航运贸易数字化,扩大电子放货、电子提单在港口航运领域的应用。优化国际空运布局,强化国际航空货运网络对产业链供应链的支撑。进一步提升国际客运航权、时刻资源的配置效率,加强航空运力与出入境旅游的供需对接。构建国际物流服务体系,提高跨境寄递服务水平和国际供应链一体化服务能力。

(十)提升旅行服务国际竞争力。积极发展入境游,优化签证和通关政策,提高签证便利化水平。提高外籍人士和港澳台居民使用电子支付,以及持有效证件预订景区门票、购买车(船)票等的便利度,在酒店、旅游景点、商超等公共场所,为境外游客提供多样化支付服务。实施便利外籍人士在华住宿的政策措施。

（十一）支持专业服务贸易发展。拓展特色服务出口,促进知识产权、地理信息、人力资源等服务贸易集聚发展,支持金融、咨询、设计、认证认可、法律、调解、仲裁、会计、语言、供应链、标准化等专业服务机构提升国际化服务能力,培育新的服务贸易增长点。发展农业服务贸易,带动农资、农机、农技等出口。加快发展教育服务贸易,扩大与全球知名高校合作,在华开展高水平合作办学。加快服务外包高端化发展,大力发展生物医药研发外包、数字制造外包,支持云外包、平台分包等服务外包新模式,进一步带动高校毕业生等重点群体就业。

（十二）鼓励传统优势服务出口。进一步完善支持文化贸易高质量发展的政策措施。推动中国武术、围棋等体育服务出口。促进中医药服务贸易健康发展,积极发展"互联网+中医药服务贸易"。支持中华老字号等知名餐饮企业开展中餐品牌国际化经营,提升中华餐饮文化国际影响力。积极运用数字技术、人工智能等创新服务供给,提升服务业国际竞争力。

（十三）促进服务贸易与货物贸易融合发展。优化保税监管模式,支持各地区依托综合保税区开展"两头在外"的研发、检测、维修、文物及文化艺术品仓储展示等业务。推动服务贸易与高端制造业融合发展,在生物医药、飞机、汽车、工程机械等领域细化出台专项政策举措,支持制造业企业对外提供具有国际竞争力的专业化、综合性服务。

（十四）扩大优质服务进口。修订鼓励进口服务目录,扩大国内急需的生产性服务进口。聚焦居民消费升级需求,推动医疗健康、文化娱乐等优质生活性服务进口。在具备条件的地区引入国际精品赛事,举办涉外电影展映和交流合作活动,进一步丰富市场供给,推动生活性服务业品质化发展。

（十五）助力绿色低碳发展。大力发展绿色技术和绿色服务贸易,研究制定绿色服务进出口指导目录。鼓励国内急需的节能降碳、环境保护、生态治理等技术和服务进口,扩大绿色节能技术和服务出口。加强绿色技术国际合作,搭建企业间合作平台。

五、拓展国际市场布局

(十六)深化服务贸易国际合作。实施服务贸易全球合作伙伴网络计划,巩固重点合作伙伴,积极开拓新兴市场。加强同共建"一带一路"国家服务贸易和数字贸易合作,在金砖国家、上合组织等机制下进一步扩大合作领域,拓展服务贸易多双边和区域合作。引导发挥地方资源优势,支持有条件的地区建设服务贸易国际合作园区。

(十七)建立健全服务贸易促进体系。鼓励各地区建立健全促进服务贸易发展的机制。加强服务贸易中介组织能力建设,充分发挥驻外机构作用,完善境外贸易促进网络,提升境外服务水平。完善国际商事争端预防与解决组织功能,健全海外知识产权维权援助机制。支持有条件的城市建设法律服务中心和国际商事仲裁中心。充分发挥中国国际服务贸易交易会等重要展会平台作用,不断提升展会知名度和影响力,推动构建龙头引领、各具特色、科学发展的服务贸易市场化展会格局,支持企业境外办展参展。

六、完善支撑体系

(十八)创新支持政策措施。充分利用中央和地方现有资金渠道以及服务贸易创新发展引导基金等相关基金,创新支持方式,推动服务贸易发展。拓宽企业融资渠道,鼓励金融机构推出适应服务贸易特点的金融服务。优化出口信贷,运用贸易金融、股权投资等多元化金融工具加大对企业开拓国际服务贸易市场的支持力度。加大出口信用保险支持力度,扩大服务贸易领域覆盖面,对符合条件的中小企业适当优化承保方式,提高保险服务便利化水平。落实好服务出口增值税零税率或免税等现行相关税收政策。支持高校加强服务贸易相关学科专业建设,促进服务贸易智库建设,加强服务贸易专业人才培训。

(十九)提升统计监测水平。修订完善国际服务贸易统计监测制度,完善服务贸易全口径统计方法。推进部门间数据交换和信息共享,健全服务贸易统计监测体系和重点企业联系制度。研究建立服务贸易统计数据库,提升服务贸易统计数据公共服务水平。

(二十)强化服务贸易区域合作。发挥京津冀、长三角、粤港澳大湾区及成渝地区双城经济圈等区域优势,建设区域性服务贸易发展公共平台。提升东部地区引领带动作用,培育一批服务贸易标杆城市。支持中西部与东北地区构建内陆多层次开放平台,推动优势特色服务贸易创新发展。鼓励建立服务贸易跨区域协作机制,促进资本、人才、技术、数据等资源要素高效合理流动。

各地区、各有关部门要从全局和战略的高度,充分认识大力发展服务贸易的重要意义,依靠扩大开放和创新驱动激发服务贸易发展新动能,抓好本意见贯彻落实。各地区要结合本地实际,积极培育服务贸易特色优势产业。各有关部门要加强协调配合,梳理解决服务贸易领域堵点卡点问题,完善服务贸易发展相关政策,支持推进重大改革事项。商务部要强化统筹协调,完善工作机制,确保各项政策措施及时出台并落地见效,积极营造扩大开放、鼓励创新、公平竞争、规范有序的服务贸易发展环境。重大事项及时向党中央、国务院请示报告。

(本文有删减)

国务院部门规章

中华人民共和国外交部
关于涉外升挂和使用国旗的规定

（2024年6月28日外交部令第9号公布　自公布之日起施行　国司备字[2024011157]）

第一条　为确定涉外升挂和使用国旗的范围和办法，根据《中华人民共和国国旗法》，制定本规定。

第二条　本规定所称驻外外交机构，是指中华人民共和国驻外国的使馆、领馆以及常驻联合国等政府间国际组织的代表团等代表机构。

第三条　外国国家元首、副元首，政府首脑、副首脑，议长、副议长，外交部长和国防部长、总司令或者总参谋长以及其他相应职级的外军领导，率领政府代表团的正部长，国家元首或者政府首脑派遣的特使，重要政府间国际组织的主要负责人以本人所担任公职的身份单独或者率领代表团来华进行正式访问时应当升挂中国国旗、来访国国旗或者政府间国际组织的旗帜。

接待外国国家元首（含副元首）和政府首脑时，在重大礼仪活动场所，如欢迎仪式、正式会谈、签字仪式、欢迎宴会等，升挂中国国旗和来访国国旗。

接待外国政府副首脑时，在重大礼仪活动场所，如正式会谈、签字仪式等，升挂中国国旗和来访国国旗。

接待本条第一款中外国国家元首、副元首和政府首脑、副首脑以外的其他外国贵宾时，在重大礼仪活动场所，如正式会谈、签字仪式等,可以悬挂中国国旗和来访国国旗、政府间国际组织的旗帜。

接待本条第一款中所列的外国贵宾时,可以在贵宾的住地升挂来访国国旗,在贵宾乘坐的交通工具上悬挂中国国旗和来访国国旗、政府间国际组织的旗帜。

外国国家元首如有特制元首旗,可以按对方意愿和习惯做法,在其住地升挂、在其乘坐的交通工具上悬挂元首旗。

第四条 除有特殊规定或者特殊情况外,下列重要国际活动场所可以升挂国旗、政府间国际组织的旗帜:

(一)国际条约和重要协定的签字仪式可以悬挂中国国旗和有关签约国国旗、政府间国际组织的旗帜;

(二)国际会议、国际军事合作活动、文化旅游体育活动、展览会、博览会等,可以升挂中国国旗和有关国家的国旗、政府间国际组织的旗帜;

(三)外国政府、政府间国际组织经援项目和大型外商投资企业的奠基、开业、落成典礼以及重大庆祝活动可以同时升挂中国国旗和有关国家的国旗、政府间国际组织的旗帜;

(四)民间团体和地方政府在双边和多边交往中举行重大活动时,可以同时升挂中国国旗和有关国家的国旗、政府间国际组织的旗帜。

第五条 各省、自治区、直辖市人民政府外事办公室,如与省、自治区、直辖市人民政府不在同一建筑物内办公,可以在工作日升挂国旗。

第六条 外国驻中国使馆、领馆和其他外交代表机构可以按照《中华人民共和国外交特权与豁免条例》和《中华人民共和国领事特权与豁免条例》升挂派遣国国旗。

政府间国际组织在中国设立的总部或者代表机构可以按照其与中国签订的有关东道国协议升挂政府间国际组织的旗帜。

其他外国常驻中国的机构、外商投资企业,凡平日在室外或者公共场所升挂本国国旗者,必须同时升挂中国国旗。

外国公民在中国境内平日不得在室外或者公共场所升挂外国国旗。遇其国籍国国庆日,可以在室外或者公共场所悬挂其国籍国国旗,但必须同时悬挂中国国旗。

第七条 中国国家领导人和各级官方代表团出国进行双边访问,根据东道国的规定和习惯做法升挂中国国旗和东道国国旗;访问政府间国际组织或者出席多边国际会议,可以根据有关组织、会议的规定和习惯做法升挂中国国旗和与会国或者会员国国旗、政府间国际组织的旗帜。

第八条 出国参加各种国际会议、国际军事合作活动、文化旅游体育活动、展览会、博览会等,可以按东道国或者有关主办方的规定和习惯做法升挂中国国旗。

第九条 中国驻外使馆、领馆按照《维也纳外交关系公约》和《维也纳领事关系公约》,可以在馆舍和馆长官邸升挂中国国旗。

中国驻外使馆、领馆等可以根据当地习惯每日或者在重大节庆日(即中国国庆日、国际劳动节、元旦、春节、国家宪法日等重要节日、纪念日和驻在国国庆日)升挂中国国旗。

新开馆时应当举行升旗仪式,闭馆时应当举行降旗仪式。

使馆馆长乘用的交通工具、领馆馆长在执行公务时乘用的交通工具可以悬挂中国国旗。

中国驻外使馆、领馆等为中国领导人访问举行重大活动,举行国庆招待会、春节招待会、建军节招待会、建交庆祝活动等重要对外活动,以及与驻在国各界或者驻在国外交使团举行会谈、会见等正式活动,可以在活动场所悬挂中国国旗和驻在国国旗、有关国家的国旗、政府间国际组织的旗帜。

中国常驻各政府间国际组织代表机构可以按照本条第一款至第五款的规定升挂中国国旗和政府间国际组织的旗帜。

中国驻外外交机构在升挂和使用国旗时,应当遵守驻在国或者所在政府间国际组织的规定和习惯做法。

第十条 中国驻外外交机构以外的其他驻外机构、中国在外国的投资企业和旅居外国的中国公民,可以根据所在国的规定和习惯做法升挂国旗。

第十一条 中央人民政府驻香港特别行政区、澳门特别行政区有关机构及其负责人举行重要外交活动,可以在活动场所悬挂中国国旗和有关国家的国旗、政府间国际组织的旗帜。

第十二条 遇中国由国家成立的治丧机构或者国务院决定全国下半旗志哀日,外国常驻中国的机构和外商投资企业,凡当日挂旗者,应当下半旗。

第十三条 中国驻外外交机构遇下列情况下半旗:

(一)中华人民共和国主席、全国人民代表大会常务委员会委员长、国务院总理、中央军事委员会主席逝世;

(二)中国人民政治协商会议全国委员会主席逝世;

(三)对中华人民共和国作出杰出贡献的人、对世界和平或者人类进步事业作出杰出贡献的人逝世,国务院决定下半旗的,根据外交部通知下半旗;

(四)中国举行国家公祭仪式或者发生严重自然灾害、突发公共卫生事件以及其他不幸事件造成特别重大伤亡,国务院决定在全国范围内下半旗;

(五)外交部通知下半旗的其他情形。

外交部驻香港特别行政区、澳门特别行政区特派员公署遇前款情况下半旗。

第十四条 驻在国国家元首和政府首脑逝世,中国驻外外交机构可以根据驻在国的规定下半旗。

驻在国因发生严重自然灾害、突发公共卫生事件以及其他不幸事件造成特别重大伤亡决定下半旗志哀的,中国驻外外交机构可以下半旗。

第十五条 中国驻外外交机构以外的其他驻外机构,凡平日挂旗者,参照第十三条、第十四条的规定下半旗。

第十六条　中国国旗与外国国旗、政府间国际组织的旗帜并挂时，前述旗帜应当按照有关国家、组织规定的比例制作，尽量做到旗的面积大体相等。

第十七条　举办双边活动需要升挂中国国旗和外国国旗的，凡中方主办的活动，外国国旗置于上首；对方举办的活动，中国国旗置于上首。有特殊规定或者特殊情况的除外。

第十八条　在中国国内，凡同时悬挂多国国旗或者政府间国际组织的旗帜时，必须同时悬挂中国国旗。

在室外或者公共场所，只能升挂与中国建立外交关系的国家的国旗。如要升挂未建交国国旗，必须事先经所在省、自治区、直辖市人民政府外事办公室审核后，报外交部批准。

第十九条　在中国国内，中国国旗与多国国旗并列升挂时，中国国旗应当置于荣誉地位。

并排升挂具体办法：

（一）一列并排时，以旗面面向观众为准，中国国旗在最右方；

（二）单行排列时，中国国旗在最前面；

（三）弧形或者从中间往两旁排列时，中国国旗在中心；

（四）圆形排列时，中国国旗在主席台（或者主入口）对面的中心位置。

第二十条　中国国旗同联合国旗等政府间国际组织的旗帜并挂，参照本规定第十七条办理。

第二十一条　悬挂国旗一般应以旗的正面面向观众，不得随意交叉悬挂或者竖挂，更不得倒挂。有必要竖挂或者使用国旗反面时，必须按照有关国家的规定办理。

第二十二条　在中国国内，多国国旗并列升挂，旗杆高度应当一致。升挂时必须先升中国国旗，降落时最后降中国国旗。同一旗杆上不能升挂两个国家的国旗。

遇有需要夜间在室外悬挂国旗时，国旗必须置于灯光照射之下。

第二十三条 外国驻华机构、政府间国际组织在中国设立的总部或者代表机构、外商投资企业、在中国境内的外国公民同时升挂中国国旗和外国国旗、政府间国际组织的旗帜时,必须将中国国旗置于上首或者中心位置。

外商投资企业同时升挂中国国旗和企业旗时,必须把中国国旗置于中心、较高或者突出的位置。

第二十四条 重要对外活动标志以中国国旗与外国国旗为主要元素的,设计、使用时应当维护国旗图案完整性,不得损害国旗尊严。

第二十五条 各省、自治区、直辖市人民政府外事办公室负责监督管理本地区的涉外升挂和使用国旗。

第二十六条 本规定由外交部负责解释。

第二十七条 本规定自发布之日起施行。

重要商品和服务价格指数行为管理办法

(2024年7月8日国家发展和改革委员会令第22号公布 自2024年8月11日起施行 国司备字[2024011189])

第一章 总 则

第一条 为了规范重要商品和服务价格指数(以下称"价格指数")行为,促进价格指数市场健康有序发展,充分发挥价格指数信号作用,服务市场价格合理形成,根据《中华人民共和国价格法》及有关法律法规,制定本办法。

第二条 本办法适用于在中华人民共和国境内与价格指数相关的各种行为,包括价格信息的采集和价格指数的编制、发布、运行维护、评估、转让和终止等。

本办法所称重要商品和服务,是指与国民经济发展和人民生活关系密切的商品和服务。

本办法所称价格指数,包括某种(类)商品或服务在两个不同时期价格变动的相对数,以及某种(类)商品或服务在某一特定时期内的绝对价格水平。

政府部门编制的价格指数及基于在中央对手方交易的金融产品价格编制的价格指数不适用本办法。

第三条 价格指数行为应当遵守法律法规,遵循独立、公开、透明原则,不得损害国家利益和社会公共利益。

第四条 国务院价格主管部门会同相关部门负责全国价格指数行为的规范管理,县级以上地方各级人民政府价格主管部门会同相关部门负责本行政区域内价格指数行为的规范管理。

价格指数行为规范管理应当坚持规范行为和优化服务的原则。

第五条 价格主管部门、相关部门及其工作人员,依法对价格指数行为主体按照本办法提交的材料负有保守商业秘密的义务。

本办法所称价格指数行为主体,是指编制发布价格指数的企业、事业单位、社会团体以及其他组织。

第二章 价格指数的行为主体

第六条 在中华人民共和国境内依法成立的企业、事业单位、社会团体以及其他组织可以编制发布价格指数。

第七条 价格指数行为主体应当具备以下条件:

(一)健全的客观中立保障制度,独立于价格指数所反映的商品或服务市场的直接利益相关方,并对外公开声明接受监督;

(二)合法稳定的价格信息来源;

(三)必备的组织架构、专业人员和设施;

(四)完备的价格信息采集、指数计算发布和勘误、内部控制等行为流程;

（五）规范的价格指数咨询与投诉的受理和处理机制；
（六）国务院价格主管部门规定的其他条件。

本办法所称价格信息包括：在价格信息采集点发生的已完成交易的成交价格、成交量、产品规格、交付日期及交付地等，未成交的买卖报价、拟交易量、拟交易产品规格、拟交付日期及拟交付地等，以及其他市场信息。

本办法所称内部控制流程是指为保证价格指数完整性和可靠性而制定的机制和程序，包括价格信息采集人员、指数计算人员和销售人员的隔离措施和监督机制，价格指数审核评估程序、授权发布程序，以及内部控制流程的定期审查和更新机制等。

第三章 价格指数的编制方案

第八条 价格指数行为主体应当制定价格指数编制方案，并归档。

第九条 价格指数编制方案应当包括以下内容：
（一）价格指数的名称；
（二）价格指数的编制背景和目的；
（三）价格指数所反映的市场基本情况；
（四）价格信息采集点、采集方式、代表规格品、计算价格指数使用的数据形式及优先级、权重确定方式、价格指数计算公式等；
（五）价格指数发布方式和频率；
（六）相对价格指数的基期基点；
（七）突发情况下价格指数应急编制方法；
（八）保证价格指数完整性和可靠性的措施。

本办法所称数据形式包括已完成的交易价格、未成交的买卖报价和其他市场信息。

第十条 价格指数的命名应当符合价格指数所反映市场的状况。

（一）冠以"中国""全国"等字样的价格指数,应当在价格指数编制方案中充分证明,信息采集点覆盖的相应商品或服务市场交易规模在全国市场中的占比,以及该覆盖面能够准确有效地反映全国市场价格情况。

（二）冠以区域性名称的,应当在价格指数编制方案中充分证明,信息采集点覆盖的相应商品或服务市场交易规模在该区域市场中的占比,以及该覆盖面能够准确有效地反映该区域市场价格情况。

禁止使用国家明文规定限制使用的词汇。

不得与政府部门编制的价格指数中英文名称重复。

第十一条 价格指数编制方案中保证价格指数完整性和可靠性措施包括：

（一）价格信息采集点的选择标准；

（二）满足价格指数编制需要的价格信息的选择标准；

（三）保证价格信息真实性的措施；

（四）保证价格信息样本代表性和覆盖面的措施；

（五）处理离群值或可疑交易的标准；

（六）在价格指数编制过程中使用主观判断的条件及优先级；

（七）少数价格信息采集点在价格信息来源中占较大比例情况时的处理措施；

（八）编制方案的调整条件,以及编制方案调整情况对价格指数使用方的通知和反馈应对方式；

（九）鼓励价格信息采集点提交所有满足价格指数编制方案要求的价格信息的措施。

编制价格指数时,应当尽量使用已完成的交易价格；确有市场交易活跃度低或无实际成交情况时,可以使用合理的询盘、报盘和其他实际市场信息,使用情况应当在指数发布渠道显著位置予以充分披露。

本办法所称价格信息真实性是指采集点提交的必须为已经被

执行或者将要被执行的价格信息,并且产生价格信息的交易来自于非关联方之间。

本办法所称主观判断是指价格指数行为主体在计算价格指数时使用的自由裁量,包括从先前的或者相关交易中推断价格,根据可能影响数据质量的因素来调整价格,或者给予买卖报价高于已完成交易价格的权重等。

第四章 价格指数的发布

第十二条 价格指数行为主体可以自主决定价格指数的发布渠道。

价格指数对外发布前应当试运行不少于 6 个月。

第十三条 价格指数行为主体应当在指数发布渠道显著位置披露价格指数的相关信息,包括以下内容:

(一)价格指数行为主体的基本情况及变动情况,接受委托开展价格指数编制、发布、运行维护的,还应包括委托方基本情况及变动情况;

(二)价格指数编制方案及调整情况;

(三)价格指数最新值的简要计算基础和过程,包括提交价格信息采集点的数量、样本量、成交量、价格的范围和平均值,在计算价格指数时使用的每种数据形式的百分比及确定方式,以及主观判断的使用情况等;

(四)利益相关方的咨询与投诉的受理渠道和处理机制;

(五)利益相关方的咨询与投诉及价格指数行为主体的调查和反馈;

(六)价格指数自我评估结果;

(七)国务院价格主管部门规定的其他信息。

上述第一、第二项中的变动调整情况和第三项内容应当在发布价格指数的同时在同一渠道披露。

第五章 价格指数的运行维护

第十四条 价格指数行为主体应当与价格信息采集点建立规范的信息提交制度,包括提交价格信息的人员、提交标准、提交时间和提交方式。提交方式应当满足价格信息可追溯查询需要。

第十五条 价格指数行为主体应当对所有采集的价格信息进行核实。

第十六条 运行维护过程中出现错误,价格指数行为主体应当第一时间纠正并在指数发布渠道显著位置予以披露。

第十七条 价格指数运行维护过程中涉及到的价格信息、工作人员信息、主观判断依据和结果、离群值或可疑交易排除等所有信息都应当归档,并从发布价格指数之日起保存不少于3年。

第十八条 价格指数行为主体应当设立内部控制部门,建立本办法第七条规定的内部控制流程,对价格指数行为进行合规性审查。

第十九条 价格指数行为主体在运行维护过程中应当保持客观中立,不得有以下行为:

(一)参与价格指数所反映的商品和服务市场的交易;

(二)与相关经营主体进行不当利益交换;

(三)操纵价格指数;

(四)其他可能影响价格指数独立性的行为。

第六章 价格指数的评估

第二十条 价格指数行为主体应当于每年第一季度对上年度价格指数开展自我评估,并在指数发布渠道显著位置对外公布评估结果。

第二十一条 价格指数行为主体对价格指数的自我评估应当

包括以下内容：

（一）价格指数行为主体应当具备条件的满足情况；

（二）价格指数编制方案调整和执行情况；

（三）价格指数发布方式和信息披露情况；

（四）价格指数运行维护的规范性和独立性情况；

（五）信息归档情况；

（六）其他需要评估的内容。

第二十二条　价格指数行为主体可以委托独立专业机构对价格指数开展第三方评估，并以适当方式披露评估主要内容和结果。

独立专业机构开展第三方评估时，应当按照本办法的相关规定进行。

第二十三条　价格主管部门可以根据工作需要，调阅价格指数相关信息，会同相关部门或委托独立专业机构对价格指数行为开展评估和合规性审查。价格指数行为主体应当积极配合并接受指导。

评估和合规性审查中发现不合规行为的，价格指数行为主体应当按照价格主管部门的意见进行整改，并提交整改报告。

第七章　价格指数的转让和终止

第二十四条　价格指数转让时，转让方应当与受让方签订价格指数转让协议，并移交所有归档信息档案。

价格指数在整改期间不得转让。

受让方应当符合本办法第六条、第七条规定。

第二十五条　价格指数行为主体可以视情况终止价格指数，但应当履行以下义务：

（一）终止之日前至少提前 30 个工作日在指数发布渠道显著位置对外发布终止公告并说明终止原因；

（二）在终止之日前继续运行维护和发布价格指数；

（三）归档信息保存至本办法规定期限；
（四）国务院价格主管部门规定的其他事项。

第八章 法 律 责 任

第二十六条 价格指数行为主体或有关责任人有以下行为之一的，价格主管部门可以视情况予以约谈、公开曝光、限期整改、列入失信企业（自然人）名单并纳入全国信用信息共享平台；构成违法的，由相关部门依法追究法律责任：

（一）损害国家利益或社会公共利益的；
（二）编造发布虚假价格指数的；
（三）操纵价格指数的；
（四）利用价格指数组织相关经营者达成价格垄断协议的；
（五）未按照本办法规定进行信息披露的；
（六）未按照本办法规定归档的；
（七）伪造、编造归档文件、评估报告的；
（八）不配合价格主管部门评估和合规性审查的；
（九）违反本办法规定的其他行为。

第二十七条 价格主管部门工作人员在对价格指数开展评估和合规性审查中，存在违法违规行为的，责令限期改正，并依法追究责任。

第九章 附 则

第二十八条 本办法由国务院价格主管部门负责解释。

第二十九条 本办法自2024年8月11日起施行。《重要商品和服务价格指数行为管理办法（试行）》（国家发展改革委2021年第43号令）同时废止。

非银行支付机构监督管理条例实施细则

(2024年7月9日中国人民银行令〔2024〕第4号公布 自公布之日起施行 国司备字〔2024011154〕)

第一章 总 则

第一条 根据《中华人民共和国中国人民银行法》、《中华人民共和国电子商务法》、《中华人民共和国行政许可法》、《非银行支付机构监督管理条例》(以下简称《条例》)等法律、行政法规,制定本细则。

第二条 非银行支付机构应当遵循诚实信用、合法合规、安全高效原则开展业务,采取切实有效措施保障业务连续性、备付金安全和用户合法权益,不得以欺骗、隐瞒、非自有资金出资等不正当手段办理行政许可事项,严禁倒卖、出租、出借支付业务许可证。

第三条 《条例》所称中国人民银行的分支机构是指中国人民银行各省、自治区、直辖市以及计划单列市分行。中国人民银行的分支机构根据中国人民银行的授权和分工,依法对辖区内非银行支付机构及非银行支付机构分支机构实施监督管理,对本辖区非银行支付机构监管工作作出统一部署。

中国人民银行的分支机构之间应当加强监管协同和信息共享。

第二章 设立、变更与终止

第一节 设 立

第四条 《条例》所称非银行支付机构的董事、监事和高级管

理人员,应当符合下列条件:

(一)熟悉与支付业务相关的制度文件。

(二)具有履行职责所需的经营管理能力,包括具有担任拟任职务所需的独立性、良好的从业记录等。高级管理人员还应当具有大学本科以上学历,从事支付结算、金融、信息处理业务2年以上或者从事会计、经济、信息科技、法律工作3年以上。

(三)最近3年诚信记录良好且无重大违法违规记录。

(四)不存在《中华人民共和国公司法》规定的不得担任公司董事、监事和高级管理人员的情形。

前款所称高级管理人员,包括总经理、副总经理、财务负责人、技术负责人、合规风控负责人或者实际履行上述职责的人员。非银行支付机构应当具有5名以上高级管理人员。

中国人民银行及其分支机构可以对非银行支付机构拟任的董事、监事和高级管理人员进行任职考察,考察方式包括但不限于向其原任职单位核实工作情况、通过谈话了解拟任人员的基本情况和业务素质、提示履职风险和需关注的重点问题等。

第五条 非银行支付机构的董事、监事和高级管理人员就任时和在任期间应当始终符合本细则第四条要求。

非银行支付机构董事、监事和高级管理人员在任期间出现不符合本细则第四条情形的,非银行支付机构应当停止其任职,并于10日内将相关情况报告住所所在地中国人民银行的分支机构。

第六条 《条例》所称其他审慎性条件是指具有良好的资本实力、风险管理能力、业务合规能力等符合审慎经营规则的条件。

《条例》施行前已按照有关规定设立的非银行支付机构还应当满足经营状况良好、支付业务许可证有效期内无重大违法违规记录、不存在无正当理由连续2年以上未开展支付业务的情况等条件。

中国人民银行及其分支机构为核实本条规定的审慎性条件,可以要求申请人提供有关说明材料。

第七条 本细则第六条所称重大违法违规记录是指从事犯罪活动,影响恶劣;或者存在《条例》第五十一条第一项、第五项情形;或者存在《条例》第五十条任一情形和第五十一条除第一项、第五项之外的情形,并且具有下列情节之一的:

(一)司法机关认定主动为非法活动提供支付服务,拒不整改或者性质恶劣。

(二)伪造系统数据或者提供虚假材料等,导致监管工作无法正常开展。

(三)情节恶劣,造成严重后果或者社会影响。

对非银行支付机构在《条例》施行前存在的重大违法违规记录的认定,参照上述规定执行。

第八条 根据《条例》第八条,非银行支付机构注册资本最低限额在人民币1亿元基础上,按下列规则附加提高:

(一)仅从事本细则第五十五条规定的储值账户运营Ⅰ类业务的,注册资本最低限额附加值为人民币1亿元。

(二)仅在住所所在省、自治区、直辖市从事本细则第五十五条规定的储值账户运营Ⅱ类业务的,注册资本最低限额无需附加。经营地域范围在其住所所在地以外每增加1个省、自治区、直辖市的,注册资本最低限额附加值增加人民币500万元。经营地域范围超过20个省、自治区、直辖市的,注册资本最低限额附加值为人民币1亿元。但是,仅从事储值账户运营Ⅱ类(仅限于线上实名支付账户充值)或者储值账户运营Ⅱ类(仅限于经营地域范围预付卡受理)的,注册资本最低限额无需附加。

(三)仅在住所所在省、自治区、直辖市从事本细则第五十五条规定的支付交易处理Ⅰ类业务的,注册资本最低限额无需附加。经营地域范围在其住所所在地以外每增加1个省、自治区、直辖市的,注册资本最低限额附加值增加人民币500万元。经营地域范围超过20个省、自治区、直辖市的,注册资本最低限额附加值为人民币1亿元。

(四)仅从事本细则第五十五条规定的支付交易处理Ⅱ类业务的,注册资本最低限额无需附加。

同时从事上述两种以上业务类型的,注册资本最低限额附加值根据业务类型和经营地域范围,按照本条第一款第一项至第四项规定加总计算。

第九条 申请设立非银行支付机构的,申请人应当向住所所在地中国人民银行的分支机构申请,并提交下列材料:

(一)书面申请,载明申请人拟设立非银行支付机构的名称、住所、注册资本、拟申请支付业务类型、经营地域范围等。

(二)公司章程草案。

(三)验资证明或者公司资本情况材料。

(四)主要股东、实际控制人材料。

(五)拟任董事、监事和高级管理人员材料。

(六)拟设立非银行支付机构的组织机构设置方案、内部控制制度、风险管理制度、退出预案以及用户合法权益保障机制材料。

(七)支付业务发展规划和可行性研究报告。

(八)反洗钱和反恐怖融资措施材料。

(九)支付业务设施材料。

(十)有符合规定的经营场所材料。

(十一)申请材料真实性声明。

第十条 本细则第九条所称主要股东材料包括:

(一)申请人股东关联关系说明材料,以及股权结构和控制框架图。

(二)营业执照(副本)复印件,或者有效身份证件复印件、个人履历。

(三)财务状况和出资情况说明材料,含出资方资金来源说明,以及最近2年经会计师事务所审计的财务会计报告或者个人财务状况说明。

(四)无重大违法违规材料,含最近3年无重大违法违规记录承诺,以及其他能够说明没有因涉嫌重大违法违规正在被调查或者处于整改期间的相关材料。

(五)诚信记录良好材料,含企业或者个人征信报告,以及其他能够说明诚信记录良好的相关材料。

(六)股权稳定性和补充资本承诺书,含主要股东3年内不再变更的承诺,以及非银行支付机构发生风险事件影响其正常运营、损害用户合法权益时,主要股东补充资本的承诺。

主要股东为金融机构的,还应当提供金融业务许可证复印件、准予投资申请人的批复文件或者其他相关材料。

第十一条 本细则第九条所称实际控制人材料包括:

(一)申请人实际控制权和控制关系说明材料。

(二)营业执照(副本)复印件,或者有效身份证件复印件、个人履历。

(三)财务状况和出资情况说明材料,含出资方资金来源说明,以及最近2年经会计师事务所审计的财务会计报告或者个人财务状况说明。

(四)无重大违法违规材料,含最近3年无重大违法违规记录承诺,以及其他能够说明没有因涉嫌重大违法违规正在被调查或者处于整改期间的相关材料。

(五)诚信记录良好材料,含企业或者个人征信报告,以及其他能够说明诚信记录良好的相关材料。

(六)股权稳定性承诺书,含实际控制人3年内不再变更的承诺。

实际控制人为自然人的,还应当提交其实际控制的公司最近2年经营情况说明材料、最近2年经会计师事务所审计的财务会计报告或者其他相关材料。

前款所称实际控制的公司,指本条第一款第一项规定的申请人实际控制权和控制关系说明材料中,实际控制人控制的、除非银行支付机构之外财务状况良好的公司。

第十二条 本细则第九条所称董事、监事和高级管理人员材料包括：

（一）有效身份证件复印件。

（二）个人履历和相关说明材料。

（三）高级管理人员学历证书复印件。

（四）无重大违法违规材料，含最近3年无重大违法违规记录承诺，以及其他能够说明没有因涉嫌重大违法违规正在被调查或者处于整改期间的相关材料。

（五）诚信记录良好材料，含个人征信报告，以及其他能够说明诚信记录良好的相关材料。

（六）个人承诺书，含对本人（及配偶）是否有大额负债进行说明，并就本人诚信和公正履职、履行反洗钱和反恐怖融资义务等进行承诺。如涉及兼职的，还需提交兼职情况说明和"确保有足够时间和精力有效履行相应职责"的承诺。

第十三条 本细则第九条所称拟设立非银行支付机构的组织机构设置方案应当包含公司治理结构，董事、监事、管理层、各职能部门设置，岗位设置和职责等情况。

内部控制制度是指为合理保证拟设立非银行支付机构经营管理合法合规、资产安全、财务报告和相关信息真实完整而制定的相关制度。

风险管理制度应当包含拟设立非银行支付机构经营过程中的风险分析、风险识别、风险处置等内容。

第十四条 本细则第九条所称支付业务发展规划和可行性研究报告应当包括下列内容：

（一）拟从事支付业务的市场前景分析。

（二）拟从事支付业务的处理流程，载明从用户发起支付业务到完成用户委托支付业务各环节的业务内容以及相关资金流转情况。

（三）拟从事支付业务的风险分析和管理措施，并对支付业务各环节分别进行说明。

（四）拟从事支付业务的成本和经济效益分析。

拟申请不同类型支付业务的，应当按照支付业务类型分别提供前款规定内容。

第十五条 本细则第九条所称反洗钱和反恐怖融资措施材料应当包括下列内容：

（一）反洗钱内部控制制度文件，载明反洗钱合规管理框架、客户尽职调查和客户身份资料及交易记录保存措施、大额和可疑交易报告措施、反洗钱审计和培训措施、协助反洗钱调查的内部程序、反洗钱工作保密措施。

（二）反洗钱岗位设置和职责说明，载明负责反洗钱工作的内设机构、反洗钱高级管理人员和专职反洗钱工作人员及其联系方式。

（三）开展大额和可疑交易监测的技术条件说明。

（四）洗钱风险自评估制度，《条例》施行前已按照有关规定设立的非银行支付机构还应当提交已完成的洗钱风险自评估报告。

第十六条 本细则第九条所称支付业务设施材料应当包括下列内容：

（一）支付业务设施机房部署情况。非银行支付机构生产中心机房原则上应当与非银行支付机构主要经营场所所在地位于同一省、自治区、直辖市。

（二）支付业务设施符合中国人民银行规定的业务规范、技术标准和安全要求说明材料。

未按照中国人民银行规定的业务规范、技术标准和安全要求提供说明材料的，或者说明材料的程序、方法存在重大缺陷的，中国人民银行及其分支机构可以要求申请人重新提交说明材料。

第十七条 本细则第九条所称有符合规定的经营场所材料应当包括住所所有权或者使用权的说明材料，以及经营场所安全的相关材料。

第十八条 申请人申请设立非银行支付机构,应当向住所所在地中国人民银行的分支机构提交申请材料。中国人民银行的分支机构依法受理符合要求的申请,自受理申请之日起初步审查,并将申请材料和初步审查意见报送中国人民银行。中国人民银行自中国人民银行的分支机构受理申请之日起6个月内作出批准或者不予批准的决定。

第十九条 申请人应当自收到受理通知之日起10日内,向住所所在地中国人民银行的分支机构提交公告材料,由中国人民银行的分支机构在其网站上连续公告下列事项20日:

(一)拟设立非银行支付机构的注册资本和股权结构。

(二)主要股东名单和持股比例。

(三)实际控制人名单。

(四)拟申请的支付业务类型。

(五)拟设立非银行支付机构的经营场所。

(六)支付业务设施符合中国人民银行规定的业务规范、技术标准和安全要求说明材料。

公告期间,对于社会公众反映的申请人涉嫌提供虚假材料,申请人、主要股东和实际控制人涉嫌违法违规等情形,中国人民银行的分支机构应当进行核查,核查时间不计入审查时限。

第二十条 申请人应当自领取营业执照之日起6个月内开业,并向住所所在地中国人民银行的分支机构报告。申请人自领取营业执照之日起超过6个月未开业的,应当向住所所在地中国人民银行的分支机构报告,说明正当理由和有关情况。

第二节 变　更

第二十一条 《条例》规定的非银行支付机构变更事项包括:

(一)变更主要股东或者实际控制人。

(二)合并或者分立。

(三)跨省、自治区、直辖市变更住所。

(四)变更业务类型或者经营地域范围。
(五)变更董事、监事或者高级管理人员。
(六)变更名称或者注册资本。

非银行支付机构因办理上述变更事项涉及全部支付业务终止的,应当按照本章第三节有关规定办理。

第二十二条 非银行支付机构拟变更本细则第二十一条第一款第一项至第四项事项,以及系统重要性非银行支付机构拟变更本细则第二十一条第一款第五项事项的,应当向中国人民银行的分支机构提交申请,由中国人民银行的分支机构受理、初步审查后报中国人民银行审查、决定。

非银行支付机构拟变更本细则第二十一条第一款第六项事项,以及非系统重要性非银行支付机构拟变更本细则第二十一条第一款第五项事项的,应当向中国人民银行的分支机构提交申请,由中国人民银行的分支机构受理、审查、决定。

非银行支付机构办理本细则第二十一条第一款第一项至第六项事项,经中国人民银行及其分支机构批准后,依法向市场监督管理部门办理登记手续。

第二十三条 非银行支付机构经查实存在违规经营、规避监管、未按要求落实整改意见,或者因涉嫌违法违规被调查、侦查且尚未结案等其他影响非银行支付机构稳健运行情形的,非银行支付机构应当审慎提交变更申请,依法做好整改,配合调查、侦查直至有关情形消失。

非银行支付机构如需改变中国人民银行的分支机构已受理的变更申请,应当撤回原申请后按本细则要求重新提交变更申请。

第二十四条 非银行支付机构变更主要股东包括下列情形:
(一)新增主要股东。
(二)现有主要股东增加或者减少股权比例。

第二十五条 非银行支付机构申请变更主要股东或者实际控制人的,应当符合下列条件:

(一)现有主要股东或者实际控制人持股或者实际控制已满3年。现有主要股东改变股权比例且未导致主要股东身份和实际控制人变更,现有主要股东或者实际控制人死亡、丧失完全民事行为能力、执行法院判决、风险处置或者中国人民银行基于审慎监管原则同意再次变更等情形除外。

(二)拟变更后的主要股东或者实际控制人应当符合《条例》及本细则有关规定。拟变更后的主要股东或者实际控制人为公司的,还应当具有稳定的盈利来源或者较好的可持续发展能力。

(三)最近3年无重大违法违规记录。

(四)诚信记录良好。

(五)备付金管理机制健全有效。

第二十六条 非银行支付机构申请变更主要股东或者实际控制人的,应当向住所所在地中国人民银行的分支机构提交下列材料:

(一)书面申请,载明申请人基本情况、变更原因、变更方案、变更前后主要股东或者实际控制人情况等。

(二)申请人材料,包括:

1. 营业执照(副本)复印件和支付业务许可证复印件。

2. 无重大违法违规材料,含最近3年无重大违法违规记录承诺,以及其他能够说明没有因涉嫌重大违法违规正在被调查或者处于整改期间的相关材料。

3. 诚信记录良好材料,含企业征信报告,以及其他能够说明诚信记录良好的相关材料。

4. 备付金安全承诺。

5. 公司合规经营情况说明,含最近3年经营情况、被投诉举报情况、受到行政处罚或者被采取监管措施情况,以及上述相关问题的整改情况。

6. 申请人为国有企业、国有控股企业或者上市企业,变更涉及国有资产转让或者上市公司资产交易依法应当取得相关监管部门批准或者备案的,应当提供批准或者备案文件。

(三)股东会或者其他有权决定机构同意申请人变更的决议文件。

(四)拟变更后的主要股东或者实际控制人材料,参照本细则第十条、第十一条规定提供。

(五)出资或者股权转让协议复印件、价格合理性说明和第三方出具的资产评估报告等相关材料。

(六)申请材料真实性声明。

第二十七条 《条例》所称合并是指一家非银行支付机构吸收其他非银行支付机构,合并后只有一家非银行支付机构持有支付业务许可证,其他非银行支付机构解散的行为。合并主体可以获取多家被合并主体全部或者部分业务类型和经营地域范围。

非银行支付机构申请合并的,应当由拟合并主体向其住所所在地中国人民银行的分支机构提交合并申请。

非银行支付机构拟跨省、自治区、直辖市进行合并的,拟合并主体住所所在地中国人民银行的分支机构应当征求拟被合并主体住所所在地中国人民银行的分支机构意见,拟被合并主体住所所在地中国人民银行的分支机构应当自收到征求意见函起10日内,向拟合并主体住所所在地中国人民银行的分支机构出具审查意见,审查意见包括但不限于拟被合并主体备付金安全情况和合规经营情况等。

第二十八条 《条例》所称分立是指一家非银行支付机构将部分资产和负债分离转让给其他一家或者多家企业,分立后仅有一家法人主体持有支付业务许可证的行为。

非银行支付机构申请分立的,应当由原非银行支付机构向拟持证主体住所所在地中国人民银行的分支机构提交分立申请。

非银行支付机构拟跨省、自治区、直辖市进行分立的,拟持证主体住所所在地中国人民银行的分支机构应当征求原非银行支付机构住所所在地中国人民银行的分支机构意见,原非银行支付机构住所所在地中国人民银行的分支机构应当自收到征求意见函起

10日内,向拟持证主体住所所在地中国人民银行的分支机构出具审查意见,审查意见包括但不限于原非银行支付机构备付金安全情况和合规经营情况等。

第二十九条　非银行支付机构申请合并或者分立的,应当符合下列条件:

(一)拟合并主体或者拟持证主体符合《条例》及本细则有关规定。

(二)合并或者分立后股权结构稳定,承诺3年内不再变更主要股东或者实际控制人。主要股东改变股权比例且未导致主要股东身份和实际控制人变更,主要股东或者实际控制人死亡、丧失完全民事行为能力或者存在其他无法继续履行职责,执行法院判决、风险处置或者中国人民银行基于审慎监管原则同意再次变更等情形除外。

(三)具有保障用户合法权益、支付业务连续性的方案和措施。

(四)最近3年无重大违法违规记录。

(五)诚信记录良好。

(六)备付金管理机制健全有效。

第三十条　非银行支付机构申请合并的,应当由拟合并主体向住所所在地中国人民银行的分支机构提交下列材料:

(一)书面申请,载明拟合并主体和拟被合并主体的基本情况、变更原因、变更方案等。

(二)拟合并主体和拟被合并主体材料,包括:

1.营业执照(副本)复印件和支付业务许可证复印件。

2.无重大违法违规材料,含最近3年无重大违法违规记录承诺,以及其他能够说明没有因涉嫌重大违法违规正在被调查或者处于整改期间的相关材料。

3.诚信记录良好材料,含企业征信报告,以及其他能够说明诚信记录良好的材料。

4.备付金安全承诺。

5.公司合规经营情况说明,含最近3年经营情况、被投诉举报情况、受到行政处罚或者被采取监管措施情况,以及上述相关问题的整改情况。

6.拟合并主体或者拟被合并主体为国有企业、国有控股企业或者上市企业,变更涉及国有资产转让或者上市公司资产交易依法应当取得相关监管部门批准或者备案的,应当提供批准或者备案文件。

(三)拟合并主体和拟被合并主体股东会或者其他有权决定机构同意拟变更的决议文件。

(四)合并方案和公告,包括业务承接方案和时间安排,用户权益保障、风险控制和舆情应对方案,合并公告样式以及其他需要说明的事项。

(五)拟合并主体资质合规情况材料,包括拟合并主体在注册资本,董事、监事和高级管理人员,主要股东和实际控制人,公司治理结构、内部控制和风险管理制度,经营场所、安全保障措施,以及业务系统、设施和技术等方面符合《条例》及本细则有关规定的材料。

(六)出资方资金来源说明。

(七)拟合并主体主要股东与拟被合并主体主要股东之间的关联关系说明,以及拟合并主体各股东之间的关联关系说明。

(八)合并协议复印件、价格合理性说明和第三方出具的资产评估报告等。

(九)拟被合并主体支付业务终止方案。

(十)股权稳定性承诺书。

(十一)申请材料真实性声明。

第三十一条 非银行支付机构申请分立的,应当向拟持证主体住所所在地中国人民银行的分支机构提交下列材料:

(一)书面申请,载明申请人基本情况、变更原因、变更方案等。

(二)申请人相关材料,包括:

1.营业执照(副本)复印件和支付业务许可证复印件。

2. 无重大违法违规材料,含最近3年无重大违法违规记录承诺,以及其他能够说明没有因涉嫌重大违法违规正在被调查或者处于整改期间的相关材料。

3. 诚信记录良好材料,含企业征信报告,以及其他能够说明诚信记录良好的相关材料。

4. 备付金安全承诺。

5. 公司合规经营情况说明,含最近3年经营情况、被投诉举报情况、受到行政处罚或者被采取监管措施情况,以及上述相关问题的整改情况。

6. 申请人为国有企业、国有控股企业或者上市企业,变更涉及国有资产转让或者上市公司资产交易依法应当取得相关监管部门批准或者备案的,应当提供批准或者备案文件。

(三)股东会或者其他有权决定机构同意申请人拟变更的决议文件。

(四)分立方案和公告,包括拟持证主体业务承接方案和时间安排,用户权益保障、风险控制和舆情应对方案,分立公告样式以及其他需要说明的事项。

(五)拟持证主体资质合规情况材料,包括拟持证主体在注册资本,董事、监事和高级管理人员,主要股东和实际控制人,公司治理结构、内部控制和风险管理制度,经营场所、安全保障措施,以及业务系统、设施和技术等方面符合《条例》及本细则有关规定的材料。

(六)拟持证主体各股东之间的关联关系说明。

(七)分立协议复印件,财产、债务分割安排合理性说明和第三方出具的资产评估报告等。

(八)股权稳定性承诺书。

(九)申请材料真实性声明。

第三十二条 非银行支付机构申请跨省、自治区、直辖市变更住所的,应当向拟变更后住所所在地中国人民银行的分支机构提交申请。拟变更后住所所在地中国人民银行的分支机构应当征求原住所所在地中国人民银行的分支机构意见,原住所所在地中国人民银行的分支机构应当自收到征求意见函起10日内,向拟变更后住所所在地中国人民银行的分支机构出具审查意见,审查意见包括但不限于非银行支付机构备付金安全情况和合规经营情况等。

第三十三条　非银行支付机构申请跨省、自治区、直辖市变更住所的,应当符合下列条件:

(一)拟变更后的支付业务设施和住所符合《条例》及本细则有关规定。

(二)非银行支付机构经核准的经营地域范围覆盖变更后的住所所在地。

(三)最近3年无重大违法违规记录。

(四)诚信记录良好。

(五)备付金管理机制健全有效。

第三十四条　非银行支付机构申请跨省、自治区、直辖市变更住所的,应当向拟变更后住所所在地中国人民银行的分支机构提交下列材料:

(一)书面申请,载明申请人基本情况、主要股东和实际控制人情况、变更原因、变更方案等。

(二)申请人相关材料,包括:

1. 营业执照(副本)复印件和支付业务许可证复印件。

2. 无重大违法违规材料,含最近3年无重大违法违规记录承诺,以及其他能够说明没有因涉嫌重大违法违规正在被调查或者处于整改期间的相关材料。

3. 诚信记录良好材料,含企业征信报告,以及其他能够说明诚信记录良好的相关材料。

4. 备付金安全承诺。

5. 公司合规经营情况说明,含最近3年经营情况、被投诉举报情况、受到行政处罚或者被采取监管措施情况,以及上述相关问题的整改情况。

（三）股东会或者其他有权决定机构同意申请人拟变更的决议文件。

（四）拟变更后的支付业务设施和住所合规情况材料，参照本细则第十六条、第十七条规定提供。

（五）申请材料真实性声明。

第三十五条　非银行支付机构申请变更业务类型或者经营地域范围的，应当向住所所在地中国人民银行的分支机构提交申请。

非银行支付机构拟新增业务类型或者扩大经营地域范围的，应当参照本章第一节有关规定办理。

非银行支付机构拟缩小经营地域范围的，其住所所在地中国人民银行的分支机构应当征求拟不再展业地中国人民银行的分支机构意见，拟不再展业地中国人民银行的分支机构应当自收到征求意见函起10日内，向非银行支付机构住所所在地中国人民银行的分支机构出具审查意见，审查意见包括但不限于非银行支付机构备付金安全和合规经营情况等。

第三十六条　非银行支付机构申请缩减业务类型或者缩小经营地域范围的，应当符合下列条件：

（一）具有保障用户合法权益、支付业务连续性的方案和措施。

（二）最近3年无重大违法违规记录。

（三）诚信记录良好。

（四）备付金管理机制健全有效。

第三十七条　非银行支付机构申请缩减业务类型或者缩小经营地域范围的，应当向住所所在地中国人民银行的分支机构提交下列材料：

（一）书面申请，载明申请人基本情况、变更原因、变更方案等。

（二）申请人相关材料，包括：

1.营业执照（副本）复印件和支付业务许可证复印件。

2.无重大违法违规材料，含最近3年无重大违法违规记录承诺，以及其他能够说明没有因涉嫌重大违法违规正在被调查或者处于整改期间的相关材料。

3.诚信记录良好材料,含企业征信报告,以及其他能够说明诚信记录良好的相关材料。

4.备付金安全承诺。

5.公司合规经营情况说明,含最近3年经营情况、被投诉举报情况、受到行政处罚或者被采取监管措施情况,以及上述相关问题的整改情况。

(三)股东会或者其他有权决定机构同意申请人拟变更的决议文件。

(四)调整方案和公告,包括业务调整方案和时间安排、用户权益保障、风险控制和舆情应对方案、支付业务信息处理方案、调整公告样式和其他需要说明的事项。

(五)涉及业务承接的,应当提交各有关方签订的承接协议复印件,支付业务信息移交协议或者用户身份资料和交易记录移交协议复印件,与承接方的关联关系说明等。若承接方为非银行支付机构的,承接方应当提交承接后备付金安全承诺。

(六)申请材料真实性声明。

第三十八条　非银行支付机构申请变更董事、监事或者高级管理人员的,应当符合下列条件:

(一)拟变更后的董事、监事或者高级管理人员符合《条例》及本细则有关规定。

(二)最近3年无重大违法违规记录,中国人民银行及其分支机构根据审慎监管原则,责令非银行支付机构调整董事、监事或者高级管理人员的除外。

(三)诚信记录良好。

(四)备付金管理机制健全有效。

已经中国人民银行及其分支机构批准的非银行支付机构董事、监事在同一非银行支付机构内调任其他董事、监事职位的,或者高级管理人员在同一非银行支付机构内调任其他高级管理人员职位的,非银行支付机构无需提交变更申请,但应当于变更完成后10日内向住所所在地中国人民银行的分支机构报告调任情况。

第三十九条 非银行支付机构申请变更董事、监事或者高级管理人员的,应当向住所所在地中国人民银行的分支机构提交下列材料:

(一)书面申请,载明申请人基本情况、变更原因、变更前后人员情况等。

(二)申请人相关材料,包括:

1. 营业执照(副本)复印件和支付业务许可证复印件。

2. 无重大违法违规材料,含最近3年无重大违法违规记录承诺,以及其他能够说明没有因涉嫌重大违法违规正在被调查或者处于整改期间的相关材料。

3. 诚信记录良好材料,含企业征信报告,以及其他能够说明诚信记录良好的相关材料。

4. 备付金安全承诺。

5. 公司合规经营情况说明,含最近3年经营情况、被投诉举报情况、受到行政处罚或者被采取监管措施情况,以及上述相关问题的整改情况。

(三)股东会或者其他有权决定机构同意申请人拟变更的决议文件。

(四)拟变更后的董事、监事或者高级管理人员资质合规情况材料,参照本细则第十二条规定提供。

(五)申请材料真实性声明。

第四十条 非银行支付机构申请变更名称的,应当符合下列条件:

(一)拟变更后的名称符合《条例》有关规定。

(二)最近3年无重大违法违规记录。

(三)诚信记录良好。

(四)备付金管理机制健全有效。

第四十一条 非银行支付机构申请变更名称的,应当向住所所在地中国人民银行的分支机构提交下列材料:

(一)书面申请,载明申请人基本情况、变更原因、拟变更的名称等。

(二)申请人相关材料,包括:

1. 营业执照(副本)复印件和支付业务许可证复印件。

2. 无重大违法违规材料,含最近3年无重大违法违规记录承诺,以及其他能够说明没有因涉嫌重大违法违规正在被调查或者处于整改期间的相关材料。

3. 诚信记录良好材料,含企业征信报告,以及其他能够说明诚信记录良好的相关材料。

4. 备付金安全承诺。

5. 公司合规经营情况说明,含最近3年经营情况、被投诉举报情况、受到行政处罚或者被采取监管措施情况,以及上述相关问题的整改情况。

(三)股东会或者其他有权决定机构同意申请人拟变更的决议文件。

(四)申请材料真实性声明。

第四十二条 非银行支付机构申请变更注册资本的,应当符合下列条件:

(一)拟变更后的注册资本符合《条例》及本细则有关规定。

(二)因注册资本变更导致非银行支付机构主要股东和实际控制人变更的,拟变更后的主要股东和实际控制人符合《条例》及本细则有关规定。

(三)最近3年无重大违法违规记录。

(四)诚信记录良好。

(五)备付金管理机制健全有效。

第四十三条 非银行支付机构申请变更注册资本的,应当向住所所在地中国人民银行的分支机构提交下列材料:

（一）书面申请，载明申请人基本情况、变更原因、变更方案、变更前后注册资本和股权结构情况等。

（二）申请人相关材料，包括：

1. 营业执照（副本）复印件和支付业务许可证复印件。

2. 无重大违法违规材料，含最近3年无重大违法违规记录承诺，以及其他能够说明没有因涉嫌重大违法违规正在被调查或者处于整改期间的相关材料。

3. 诚信记录良好材料，含企业征信报告，以及其他能够说明诚信记录良好的相关材料。

4. 备付金安全承诺。

5. 公司合规经营情况说明，含最近3年经营情况、被投诉举报情况、受到行政处罚或者被采取监管措施情况，以及上述相关问题的整改情况。

（三）股东会或者其他有权决定机构同意申请人拟变更的决议文件。

（四）拟增加注册资本的，应当提供资金来源说明。

（五）申请材料真实性声明。

第四十四条 非银行支付机构同时涉及多项变更事项的，应当按照《条例》及本细则有关规定一次性提出申请。多项变更事项涉及相同申请材料的，非银行支付机构无需重复提交。

多项变更事项同时涉及由中国人民银行和中国人民银行的分支机构决定的，由中国人民银行的分支机构受理、初步审查后报中国人民银行审查、决定。

第四十五条 非银行支付机构申请变更本细则第二十一条第一款第一项至第四项事项，系统重要性非银行支付机构申请变更本细则第二十一条第一款第五项事项的，中国人民银行的分支机构应当自受理申请之日起初步审查，并将非银行支付机构变更申请材料、行政许可受理通知书和初步审查意见报送中国人民银行。中国人民银行自中国人民银行的分支机构受理申请之日起3个月内作出批准或者不予批准的决定。

非系统重要性非银行支付机构申请变更本细则第二十一条第一款第五项事项的,中国人民银行的分支机构应当自受理申请之日起3个月内作出批准或者不予批准的决定,并及时将决定抄报中国人民银行。

非银行支付机构申请变更本细则第二十一条第一款第六项事项的,中国人民银行的分支机构应当自受理申请之日起1个月内作出批准或者不予批准的决定,并及时将决定抄报中国人民银行。

非银行支付机构同时涉及多项变更事项的,适用较长审查期限。

第四十六条 非银行支付机构应当根据准予行政许可决定及时办理变更事项,于变更完成后10日内向中国人民银行的分支机构书面报告完成情况。

非银行支付机构未能根据准予行政许可决定在90日内办理变更事项的,应当将未变更原因、后续工作安排等情况书面报告中国人民银行的分支机构。未书面报告或者报告理由不充分的,中国人民银行的分支机构可以区别不同情形采取约谈、责令整改等措施。

第三节 终 止

第四十七条 非银行支付机构申请终止支付业务的,应当向住所所在地中国人民银行的分支机构提交下列材料:

(一)书面申请,载明公司基本情况、支付业务开展情况、拟终止支付业务类型和终止原因等。

(二)营业执照(副本)复印件和支付业务许可证复印件。

(三)股东会或者其他有权决定机构同意申请人拟终止支付业务的决议文件。

(四)支付业务终止方案。

中国人民银行的分支机构依法受理符合要求的申请,自受理申请之日起20日内初步审查完毕,并将申请材料和初步审查意见报送中国人民银行。中国人民银行自收到中国人民银行的分支机构报送的申请材料和初步审查意见之日起20日内，作出批准或者不予批准的决定。准予终止的，非银行支付机构应当按相关规定完成支付业务终止工作，交回支付业务许可证。

第四十八条　本细则第四十七条所称支付业务终止方案应当包括下列内容：

（一）支付业务终止整体安排。

（二）支付业务的资金和信息承接方情况，以及申请人与承接方关联关系说明。

（三）支付业务终止公告内容和公告方式。

（四）用户合法权益保障方案。

（五）支付业务信息处理方案。

（六）重大和突发事件应急预案。

（七）与承接方签订的支付业务信息、用户身份资料和交易记录移交协议，备付金承接协议。

用户合法权益保障方案应当包含对用户知情权、隐私权和选择权的保护措施，明确告知用户终止支付业务的原因、停止受理用户委托支付业务的时间、拟终止支付业务的后续安排；明确用户身份资料和交易记录的接收机构、移交安排、销毁方式和监督安排；明确备付金处理方案。

支付业务信息处理方案，应当明确支付业务信息的接收机构、移交安排、销毁方式和监督安排。

第四节　许可证及分支机构管理

第四十九条　非银行支付机构应当在经营场所显著位置公示支付业务许可证原件。非银行支付机构有官方网站的，还应当在官方网站主页显著位置公示其支付业务许可证的影像信息。

非银行支付机构分支机构应当在经营场所显著位置公示加盖法人公章的支付业务许可证复印件。

第五十条　支付业务许可证因不可抗力灭失、损毁的，非银行

支付机构应当自其确认支付业务许可证灭失、损毁之日起10日内,采取下列一种或者多种方式连续公告3日:

(一)在住所所在地省级有影响力的报刊上公告。

(二)在非银行支付机构官方网站上公告。

(三)其他有效便捷的公告方式。

公告发出日期以最后张贴或者刊登日期为准。公告的具体内容应当包括公告事由、机构名称、住所、联系电话、声明原支付业务许可证作废等。公告的知晓范围应当至少覆盖非银行支付机构的经营地域范围。

第五十一条 非银行支付机构应当自公告支付业务许可证灭失、损毁结束之日起10日内持已公告材料向住所所在地中国人民银行的分支机构重新申领支付业务许可证。

中国人民银行的分支机构自收到申请材料之日起10日内完成初步审核,并将申请材料和初步审核意见报送中国人民银行。中国人民银行自收到中国人民银行的分支机构报送的相关材料之日起20日内为非银行支付机构补发支付业务许可证。

第五十二条 非银行支付机构支付业务许可证要素发生变化的,应当向住所所在地中国人民银行的分支机构申请换发支付业务许可证。

中国人民银行的分支机构自收到申请材料之日起10日内完成初步审核,并将申请材料和初步审核意见报送中国人民银行。中国人民银行自收到中国人民银行的分支机构报送的相关材料之日起20日内为非银行支付机构换发支付业务许可证。

第五十三条 非银行支付机构根据《条例》第十二条设立分支机构的,应当分别向非银行支付机构法人及其分支机构住所所在地中国人民银行的分支机构备案,并提交下列材料:

(一)非银行支付机构法人的法定代表人签署的书面报告,包括分支机构名称、公司治理架构、拟从事的支付业务类型等。

(二)加盖法人公章的支付业务许可证复印件。

（三）分支机构营业执照（副本）复印件。

（四）分支机构住所和管理人员相关材料。

非银行支付机构分支机构备案材料发生变更的，应当在变更完成后10日内向法人及其分支机构住所所在地中国人民银行的分支机构更换备案材料。

非银行支付机构分支机构拟在其备案地终止已备案的所有或者部分支付业务的，应当于终止支付业务前向法人和分支机构住所所在地中国人民银行的分支机构报告。

第五十四条 本细则对行政许可程序未作规定的事项，适用法律、行政法规和中国人民银行关于行政许可的相关规定。

第三章 支付业务规则

第五十五条 《条例》所称储值账户运营分为储值账户运营Ⅰ类和储值账户运营Ⅱ类；支付交易处理分为支付交易处理Ⅰ类和支付交易处理Ⅱ类。

（一）原《非金融机构支付服务管理办法》规定的互联网支付，或者同时开展原《非金融机构支付服务管理办法》规定的互联网支付和移动电话支付（固定电话支付、数字电视支付）的，归入储值账户运营Ⅰ类。支付业务许可证登记的业务类型对应调整为储值账户运营Ⅰ类。

（二）原《非金融机构支付服务管理办法》规定的预付卡发行与受理、预付卡受理归入储值账户运营Ⅱ类，经营地域范围不变。支付业务许可证登记的业务类型对应调整为储值账户运营Ⅱ类（经营地域范围）、储值账户运营Ⅱ类（仅限于线上实名支付账户充值）、储值账户运营Ⅱ类（仅限于经营地域范围预付卡受理）。

（三）原《非金融机构支付服务管理办法》规定的银行卡收单归入支付交易处理Ⅰ类，经营地域范围不变。支付业务许可证登记的业务类型对应调整为支付交易处理Ⅰ类（经营地域范围）。

(四)仅开展原《非金融机构支付服务管理办法》规定的移动电话支付、固定电话支付、数字电视支付,不开展互联网支付的,归入支付交易处理Ⅱ类。支付业务许可证登记的业务类型对应调整为支付交易处理Ⅱ类。

第五十六条 《条例》所称合规管理制度、内部控制制度、业务管理制度、风险管理制度应当全面、完整反映法律、行政法规、中国人民银行规章和规范性文件的监管规定。

第五十七条 《条例》所称突发事件应急预案应当包括下列内容:

(一)支付业务系统连续性保障应急预案。

(二)备付金风险应急预案。

(三)用户信息泄露风险应急预案。

(四)其他可能危及非银行支付机构正常经营,损害用户合法权益的风险事件应急预案。

第五十八条 《条例》所称用户权益保障机制,是指保障用户财产安全权、知情权、自主选择权、公平交易权、受尊重权、信息安全权等基本权利的内控制度和工作机制。

用户权益保障机制包括用户信息安全保护机制、重要信息披露机制、投诉处理机制、损失赔付机制、支付业务终止过程中用户权益保障方案等。

中国人民银行及其分支机构按照法定职责和监管权限依法接收转办或者办理非银行支付机构用户投诉、信访、举报事项。

第五十九条 根据《条例》第二十八条,非银行支付机构净资产最低限额以备付金日均余额为计算依据,采取超额累退方式按照下列标准确定:

(一)备付金日均余额不超过500亿元人民币的部分,按照5%计算。

(二)备付金日均余额超过500亿元人民币至2000亿元人民币的部分,按照4%计算。

(三)备付金日均余额超过2000亿元人民币至5000亿元人民

币的部分,按照3%计算。

(四)备付金日均余额超过5000亿元人民币至10000亿元人民币的部分,按照2%计算。

(五)备付金日均余额超过10000亿元人民币的部分,按照1%计算。

非银行支付机构净资产最低限额应当不低于按照本条第一款第一项至第五项规定计算的加总值。

中国人民银行可以根据支付市场发展实际,动态调整前款比例的具体数值。

第六十条 系统重要性非银行支付机构应当根据中国人民银行有关规定,结合业务规模等因素,满足附加要求。

系统重要性非银行支付机构管理办法由中国人民银行另行制定。

第六十一条 非银行支付机构应当对用户身份资料自业务关系结束后或者一次性交易结束后至少保存5年,对交易记录自交易结束后至少保存5年。

司法机关正在调查的可疑交易或者违法犯罪活动涉及用户身份资料和交易记录,且相关调查工作在前款规定的最低保存期届满时仍未结束的,非银行支付机构应当将其保存至调查工作结束。

法律、行政法规对用户身份资料和交易记录有更长保存期限要求的,从其规定。

第六十二条 非银行支付机构调整支付业务的收费项目或者收费标准的,原则上应当至少于调整施行前30个自然日,在经营场所、官方网站、公众号等醒目位置,业务办理途径的关键节点,对新的支付业务收费项目或者收费标准进行持续公示,在办理相关业务前确认用户知悉、接受调整后的收费项目或者收费标准,做好协议换签或者补签等相关工作,并保留用户同意的记录。

第四章 监督管理

第六十三条 《条例》第四十一条、第四十三条所列事项报告程序和要求适用中国人民银行关于非银行支付机构重大事项报告、网络安全风险和事件报告管理的有关规定。

第六十四条 非银行支付机构变更法定代表人、住所(同省、自治区、直辖市)、公司章程的,应当在变更完成后10日内向住所所在地中国人民银行的分支机构报告。报告材料包括变更报告、变更后的公司章程和营业执照(副本)复印件等。

非银行支付机构变更受益所有人的,应当在变更完成后10日内向住所所在地中国人民银行的分支机构报告。

上市非银行支付机构变更非主要股东的,应当于每季度初10日内向住所所在地中国人民银行的分支机构报告。其他非银行支付机构变更非主要股东的,应当在变更完成后10日内向住所所在地中国人民银行的分支机构报告。

非银行支付机构应当对变更事项的合法性、真实性、有效性负责,积极配合中国人民银行的分支机构开展股权穿透式监管,不得瞒报、虚报、漏报。中国人民银行的分支机构对非银行支付机构变更事项存在疑问的,可以要求非银行支付机构补充说明。

第六十五条 中国人民银行的分支机构应当加强属地管理,对非银行支付机构股权实施持续监管和穿透式监管,及时掌握对非银行支付机构经营管理可能产生重大影响的非主要股东或者受益所有人变化情况,防范非主要股东或者受益所有人通过一致行动安排等方式规避监管。

第六十六条 中国人民银行及其分支机构应当加强非银行支付机构行政许可事项办理过程记录,完善非银行支付机构行政许可事项案卷管理制度,妥善保存非银行支付机构行政许可材料、审查记录、核实记录和相关证据材料等。

第六十七条 中国人民银行及其分支机构按照中国人民银行关于执法检查的相关规定,依法对非银行支付机构实施现场检查和非现场检查。

第六十八条 《条例》所称擅自设立非银行支付机构、从事或者变相从事支付业务,是指未经中国人民银行批准,根据用户提交的电子支付指令转移货币资金等情形,以及中国人民银行在有关业务规则中认定的其他情形。

第五章 法律责任

第六十九条 非银行支付机构违反《条例》有关规定的,中国人民银行及其分支机构可以依据《条例》进行处罚。

第七十条 未经依法批准,擅自设立非银行支付机构、从事或者变相从事支付业务的,中国人民银行指导中国人民银行的分支机构依法予以取缔。中国人民银行及其分支机构可以依据《条例》进行处罚。涉嫌构成犯罪的,依法移送司法机关追究刑事责任。

第七十一条 非银行支付机构主要股东、控股股东、实际控制人违反《条例》有关规定的,中国人民银行及其分支机构可以依据《条例》进行处罚。

第七十二条 非银行支付机构违反本细则第五十九条规定的,中国人民银行及其分支机构可以依据《条例》第四十九条第二项规定进行处罚。

第六章 附 则

第七十三条 《条例》施行前已按照有关规定设立的非银行支付机构,应当在过渡期结束前达到《条例》及本细则关于非银行支付机构设立条件以及净资产与备付金日均余额比例的规定。其他规定自本细则施行之日起执行。

各非银行支付机构的过渡期为本细则施行之日至其支付业务许可证有效期截止日,过渡期不满12个月的,按12个月计。

第七十四条 《条例》施行之日起,各类支付业务规则暂沿用预付卡、网络支付、条码支付、银行卡收单等现行制度规定。中国人民银行现行制度文件中涉及非银行支付机构支付业务类型的有关规定,按本细则第五十五条规定的对应关系调整后执行。

第七十五条 《条例》所称主要股东,是指出资额占非银行支付机构资本总额10%以上或者其持有的股份占非银行支付机构股本总额10%以上的股东;以及出资额或者持有股份的比例虽然不足10%,但对非银行支付机构经营管理有重大影响的股东。

前款所称重大影响,包括通过协议,向非银行支付机构派驻董事、监事或者高级管理人员,或者以其他方式影响非银行支付机构的财务和经营管理决策,以及中国人民银行认定的其他情形。

本细则中的"日"均为工作日,"月"均为自然月,"以上"均含本数或者本级。

本细则所称合并主体,是指整体承接其他一家或者多家非银行支付机构支付业务并继续持有支付业务许可证的非银行支付机构。

本细则所称被合并主体,是指合并后注销支付业务许可证并解散的非银行支付机构。

本细则所称持证主体,是指分立后持有支付业务许可证并继续开展支付业务的非银行支付机构。

本细则所称净资产,是指非银行支付机构经会计师事务所审计的财务会计报告上所载的上一年度末净资产数值。

本细则所称备付金日均余额,是指最近1个自然年度(1月1日至12月31日)内非银行支付机构每个自然日日终备付金余额的平均值。

第七十六条 本细则由中国人民银行解释。

第七十七条 本细则自发布之日起施行。《非金融机构支付服务管理办法》(中国人民银行令〔2010〕第2号发布)、《非金融机构支付服务管理办法实施细则》(中国人民银行公告〔2010〕第17号公布)同时废止。

司法解释

最高人民法院、最高人民检察院关于办理洗钱刑事案件适用法律若干问题的解释

（2023年3月20日最高人民法院审判委员会第1880次会议、2024年3月29日最高人民检察院第十四届检察委员会第二十八次会议通过　2024年8月19日最高人民法院、最高人民检察院公告公布　自2024年8月20日起施行　法释〔2024〕10号）

为依法惩治洗钱犯罪活动，根据《中华人民共和国刑法》、《中华人民共和国刑事诉讼法》的规定，现就办理洗钱刑事案件适用法律的若干问题解释如下：

第一条　为掩饰、隐瞒本人实施刑法第一百九十一条规定的上游犯罪的所得及其产生的收益的来源和性质，实施该条第一款规定的洗钱行为的，依照刑法第一百九十一条的规定定罪处罚。

第二条　知道或者应当知道是他人实施刑法第一百九十一条规定的上游犯罪的所得及其产生的收益，为掩饰、隐瞒其来源和性质，实施该条第一款规定的洗钱行为的，依照刑法第一百九十一条的规定定罪处罚。

第三条　认定"知道或者应当知道"，应当根据行为人所接触、接收的信息，经手他人犯罪所得及其收益的情况，犯罪所得及其收益的种类、数额，犯罪所得及其收益的转移、转换方式，交易行为、资金账户等异常情况，结合行为人职业经历、与上游犯罪人员之间

的关系以及其供述和辩解,同案人指证和证人证言等情况综合审查判断。有证据证明行为人确实不知道的除外。

将刑法第一百九十一条规定的某一上游犯罪的犯罪所得及其收益,认作该条规定的上游犯罪范围内的其他犯罪所得及其收益的,不影响"知道或者应当知道"的认定。

第四条 洗钱数额在五百万元以上的,且具有下列情形之一的,应当认定为刑法第一百九十一条规定的"情节严重":

(一)多次实施洗钱行为的;

(二)拒不配合财物追缴,致使赃款赃物无法追缴的;

(三)造成损失二百五十万元以上的;

(四)造成其他严重后果的。

二次以上实施洗钱犯罪行为,依法应予刑事处理而未经处理的,洗钱数额累计计算。

第五条 为掩饰、隐瞒实施刑法第一百九十一条规定的上游犯罪的所得及其产生的收益的来源和性质,实施下列行为之一的,可以认定为刑法第一百九十一条第一款第五项规定的"以其他方法掩饰、隐瞒犯罪所得及其收益的来源和性质":

(一)通过典当、租赁、买卖、投资、拍卖、购买金融产品等方式,转移、转换犯罪所得及其收益的;

(二)通过与商场、饭店、娱乐场所等现金密集型场所的经营收入相混合的方式,转移、转换犯罪所得及其收益的;

(三)通过虚构交易、虚设债权债务、虚假担保、虚报收入等方式,转移、转换犯罪所得及其收益的;

(四)通过买卖彩票、奖券、储值卡、黄金等贵金属等方式,转换犯罪所得及其收益的;

(五)通过赌博方式,将犯罪所得及其收益转换为赌博收益的;

(六)通过"虚拟资产"交易、金融资产兑换方式,转移、转换犯罪所得及其收益的;

(七)以其他方式转移、转换犯罪所得及其收益的。

第六条 掩饰、隐瞒刑法第一百九十一条规定的上游犯罪的犯罪所得及其产生的收益,构成刑法第一百九十一条规定的洗钱罪,同时又构成刑法第三百一十二条规定的掩饰、隐瞒犯罪所得、犯罪所得收益罪的,依照刑法第一百九十一条的规定定罪处罚。

实施刑法第一百九十一条规定的洗钱行为,构成洗钱罪,同时又构成刑法第三百四十九条、第二百二十五条、第一百七十七条之一或者第一百二十条之一规定的犯罪的,依照处罚较重的规定定罪处罚。

第七条 认定洗钱罪应当以上游犯罪事实成立为前提。有下列情形的,不影响洗钱罪的认定:

(一)上游犯罪尚未依法裁判,但有证据证明确实存在的;

(二)有证据证明上游犯罪确实存在,因行为人逃匿未到案的;

(三)有证据证明上游犯罪确实存在,因行为人死亡等原因依法不予追究刑事责任的;

(四)有证据证明上游犯罪确实存在,但同时构成其他犯罪而以其他罪名定罪处罚的。

第八条 刑法第一百九十一条规定的"黑社会性质的组织犯罪的所得及其产生的收益",是指黑社会性质组织及其成员实施相关犯罪的所得及其产生的收益,包括黑社会性质组织的形成、发展过程中,该组织及组织成员通过违法犯罪活动聚敛的全部财物、财产性权益及其孳息、收益。

第九条 犯洗钱罪,判处五年以下有期徒刑或者拘役,并处或者单处罚金的,判处一万元以上罚金;判处五年以上十年以下有期徒刑的,并处二十万元以上罚金。

第十条 符合本解释第一条、第二条的规定,行为人如实供述犯罪事实,认罪悔罪,并积极配合追缴犯罪所得及其产生的收益的,可以从轻处罚;犯罪情节轻微的,可以依法不起诉或者免予刑事处罚。

第十一条 单位实施洗钱犯罪的,依照本解释规定的相应自然人犯罪的定罪量刑标准,对单位判处罚金,并对其直接负责的主管人员和其他直接责任人员定罪处罚。

第十二条 本解释所称"上游犯罪",是指刑法第一百九十一条规定的毒品犯罪、黑社会性质的组织犯罪、恐怖活动犯罪、走私犯罪、贪污贿赂犯罪、破坏金融管理秩序犯罪、金融诈骗犯罪。

第十三条 本解释自2024年8月20日起施行。《最高人民法院关于审理洗钱等刑事案件具体应用法律若干问题的解释》(法释〔2009〕15号)同时废止。

最高人民法院关于审理食品药品惩罚性赔偿纠纷案件适用法律若干问题的解释

(2024年3月18日最高人民法院审判委员会第1918次会议通过 2024年8月21日最高人民法院公告公布 自2024年8月22日起施行 法释〔2024〕9号)

为正确审理食品药品惩罚性赔偿纠纷案件,依法保护食品药品安全和消费者合法权益,根据《中华人民共和国民法典》、《中华人民共和国消费者权益保护法》、《中华人民共和国食品安全法》、《中华人民共和国药品管理法》等法律规定,结合审判实践,制定本解释。

第一条 购买者因个人或者家庭生活消费需要购买的食品不符合食品安全标准,购买后依照食品安全法第一百四十八条第二款规定请求生产者或者经营者支付惩罚性赔偿金的,人民法院依法予以支持。

没有证据证明购买者明知所购买食品不符合食品安全标准仍然购买的,人民法院应当根据购买者请求以其实际支付价款为基数计算价款十倍的惩罚性赔偿金。

第二条 购买者明知所购买食品不符合食品安全标准或者所

购买药品是假药、劣药,购买后请求经营者返还价款的,人民法院应予支持。

经营者请求购买者返还食品、药品,如果食品标签、标志或者说明书不符合食品安全标准,食品生产者在采取补救措施且能保证食品安全的情况下可以继续销售的,人民法院应予支持;应当对食品、药品采取无害化处理、销毁等措施的,依照食品安全法、药品管理法的相关规定处理。

第三条 受托人明知购买者委托购买的是不符合食品安全标准的食品或者假药、劣药仍然代购,购买者依照食品安全法第一百四十八条第二款或者药品管理法第一百四十四条第三款规定请求受托人承担惩罚性赔偿责任的,人民法院应予支持,但受托人不以代购为业的除外。

以代购为业的受托人明知是不符合食品安全标准的食品或者假药、劣药仍然代购,向购买者承担惩罚性赔偿责任后向生产者追偿的,人民法院不予支持。受托人不知道是不符合食品安全标准的食品或者假药、劣药而代购,向购买者承担赔偿责任后向生产者追偿的,人民法院依法予以支持。

第四条 食品生产加工小作坊和食品摊贩等生产经营的食品不符合食品安全标准,购买者请求生产者或者经营者依照食品安全法第一百四十八条第二款规定承担惩罚性赔偿责任的,人民法院应予支持。

食品生产加工小作坊和食品摊贩等生产经营的食品不符合省、自治区、直辖市制定的具体管理办法等规定,但符合食品安全标准,购买者请求生产者或者经营者依照食品安全法第一百四十八条第二款规定承担惩罚性赔偿责任的,人民法院不予支持。

第五条 食品不符合食品中危害人体健康物质的限量规定,食品添加剂的品种、使用范围、用量要求,特定人群的主辅食品的营养成分要求,与卫生、营养等食品安全要求有关的标签、标志、说明书要求以及与食品安全有关的质量要求等方面的食品安全标准,购买者依照食品安全法第一百四十八条第二款规定请求生产者或者经营者承担惩罚性赔偿责任的,人民法院应予支持。

第六条 购买者以食品的标签、说明书不符合食品安全标准为由请求生产者或者经营者支付惩罚性赔偿金,生产者或者经营者以食品的标签、说明书瑕疵不影响食品安全且不会对消费者造成误导为由进行抗辩,存在下列情形之一的,人民法院对生产者或者经营者的抗辩不予支持:

(一)未标明食品安全标准要求必须标明的事项,但属于本解释第八条规定情形的除外;

(二)故意错标食品安全标准要求必须标明的事项;

(三)未正确标明食品安全标准要求必须标明的事项,足以导致消费者对食品安全产生误解。

第七条 购买者以食品的标签、说明书不符合食品安全标准为由请求生产者或者经营者支付惩罚性赔偿金,生产者或者经营者以食品的标签、说明书虽不符合食品安全标准但不影响食品安全为由进行抗辩的,人民法院对其抗辩不予支持,但食品的标签、说明书瑕疵同时符合下列情形的除外:

(一)根据食品安全法第一百五十条关于食品安全的规定,足以认定标签、说明书瑕疵不影响食品安全;

(二)根据购买者在购买食品时是否明知瑕疵存在、瑕疵是否会导致普通消费者对食品安全产生误解等事实,足以认定标签、说明书瑕疵不会对消费者造成误导。

第八条 购买者以食品的标签、说明书不符合食品安全标准为由请求生产者或者经营者支付惩罚性赔偿金,食品的标签、说明书虽存在瑕疵但属于下列情形之一的,人民法院不予支持:

(一)文字、符号、数字的字号、字体、字高不规范,或者外文字号、字高大于中文;

(二)出现错别字、多字、漏字、繁体字或者外文翻译不准确,但不会导致消费者对食品安全产生误解;

（三）净含量、规格的标示方式和格式不规范,食品、食品添加剂以及配料使用的俗称或者简称等不规范,营养成分表、配料表顺序、数值、单位标示不规范,或者营养成分表数值修约间隔、"0"界限值、标示单位不规范,但不会导致消费者对食品安全产生误解;

（四）对没有特殊贮存条件要求的食品,未按照规定标示贮存条件;

（五）食品的标签、说明书存在其他瑕疵,但不影响食品安全且不会对消费者造成误导。

第九条 经营明知是不符合食品安全标准的食品或者明知是假药、劣药仍然销售、使用的行为构成欺诈,购买者选择依照食品安全法第一百四十八条第二款、药品管理法第一百四十四条第三款或者消费者权益保护法第五十五条第一款规定起诉请求经营者承担惩罚性赔偿责任的,人民法院应予支持。

购买者依照食品安全法第一百四十八条第二款或者药品管理法第一百四十四条第三款规定起诉请求经营者承担惩罚性赔偿责任,人民法院经审理认为购买者请求不成立但经营者行为构成欺诈,购买者变更为依照消费者权益保护法第五十五条第一款规定请求经营者承担惩罚性赔偿责任的,人民法院应当准许。

第十条 购买者因个人或者家庭生活消费需要购买的药品是假药、劣药,依照药品管理法第一百四十四条第三款规定请求生产者或者经营者支付惩罚性赔偿金的,人民法院依法予以支持。

第十一条 购买者依照药品管理法第一百四十四条第三款规定请求生产者或者经营者支付惩罚性赔偿金,生产者或者经营者抗辩不应适用药品管理法第一百四十四条第三款规定,存在下列情形之一的,人民法院对其抗辩应予支持:

（一）不以营利为目的实施带有自救、互助性质的生产、销售少量药品行为,且未造成他人伤害后果;

（二）根据民间传统配方制售药品,数量不大,且未造成他人伤害后果;

(三)不以营利为目的实施带有自救、互助性质的进口少量境外合法上市药品行为。

对于是否属于民间传统配方难以确定的,可以根据地市级以上药品监督管理部门或者有关部门出具的意见,结合其他证据作出认定。

行政机关作出的处罚决定或者行政机关、药品检验机构提供的检验结论、认定意见等证据足以证明生产、销售或者使用的药品属于假药、劣药的,不适用本条第一款规定。

第十二条 购买者明知所购买食品不符合食品安全标准,依照食品安全法第一百四十八条第二款规定请求生产者或者经营者支付价款十倍的惩罚性赔偿金的,人民法院应当在合理生活消费需要范围内依法支持购买者诉讼请求。

人民法院可以综合保质期、普通消费者通常消费习惯等因素认定购买者合理生活消费需要的食品数量。

生产者或者经营者主张购买者明知所购买食品不符合食品安全标准仍然购买索赔的,应当提供证据证明其主张。

第十三条 购买者明知食品不符合食品安全标准,在短时间内多次购买,并依照食品安全法第一百四十八条第二款规定起诉请求同一生产者或者经营者按每次购买金额分别计算惩罚性赔偿金的,人民法院应当根据购买者多次购买相同食品的总数,在合理生活消费需要范围内依法支持其诉讼请求。

第十四条 购买者明知所购买食品不符合食品安全标准,在短时间内多次购买,并多次依照食品安全法第一百四十八条第二款规定就同一不符合食品安全标准的食品起诉请求同一生产者或者经营者支付惩罚性赔偿金的,人民法院应当在合理生活消费需要范围内依法支持其诉讼请求。

人民法院可以综合保质期、普通消费者通常消费习惯、购买者的购买频次等因素认定购买者每次起诉的食品数量是否超出合理生活消费需要。

第十五条 人民法院在审理食品药品纠纷案件过程中,发现购买者恶意制造生产者或者经营者违法生产经营食品、药品的假象,以投诉、起诉等方式相要挟,向生产者或者经营者索取赔偿金,涉嫌敲诈勒索的,应当及时将有关违法犯罪线索、材料移送公安机关。

第十六条 购买者恶意制造生产者或者经营者违法生产经营食品、药品的假象,起诉请求生产者或者经营者承担赔偿责任的,人民法院应当驳回购买者诉讼请求;构成虚假诉讼的,人民法院应当依照民事诉讼法相关规定,根据情节轻重对其予以罚款、拘留。

购买者行为侵害生产者或者经营者的名誉权等权利,生产者或者经营者请求购买者承担损害赔偿等民事责任的,人民法院应予支持。

第十七条 人民法院在审理食品药品纠纷案件过程中,发现当事人的行为涉嫌生产、销售有毒、有害食品及假药、劣药,虚假诉讼等违法犯罪的,应当及时将有关违法犯罪线索、材料移送有关行政机关和公安机关。

第十八条 人民法院在审理食品药品纠纷案件过程中,发现违法生产、销售、使用食品、药品行为的,可以向有关行政机关、生产者或者经营者发出司法建议。

第十九条 本解释自2024年8月22日起施行。

本解释施行后尚未终审的民事案件,适用本解释;本解释施行前已经终审,当事人申请再审或者按照审判监督程序决定再审的民事案件,不适用本解释。

最高人民法院关于大型企业与中小企业约定以第三方支付款项为付款前提条款效力问题的批复

(2024年6月3日最高人民法院审判委员会第1921次会议通过 2024年8月27日最高人民法院公告公布 自2024年8月27日起施行 法释〔2024〕11号)

山东省高级人民法院：

你院《关于合同纠纷案件中"背靠背"条款效力的请示》收悉。经研究，批复如下：

一、大型企业在建设工程施工、采购货物或者服务过程中，与中小企业约定以收到第三方向其支付的款项为付款前提的，因其内容违反《保障中小企业款项支付条例》第六条、第八条的规定，人民法院应当根据民法典第一百五十三条第一款的规定，认定该约定条款无效。

二、在认定合同约定条款无效后，人民法院应当根据案件具体情况，结合行业规范、双方交易习惯等，合理确定大型企业的付款期限及相应的违约责任。双方对欠付款项利息计付标准有约定的，按约定处理；约定违法或者没有约定的，按照全国银行间同业拆借中心公布的一年期贷款市场报价利率计息。大型企业以合同价款已包含对逾期付款补偿为由要求减轻违约责任，经审查抗辩理由成立的，人民法院可予支持。

附：

2024年8月份报国务院备案并予以登记的地方性法规、自治条例、单行条例和地方政府规章目录

地方性法规

法规名称	公布日期	备案登记编号
北京市实施《中华人民共和国动物防疫法》办法	2024年7月26日	国司备字〔2024011230〕
河北省档案条例	2024年7月25日	国司备字〔2024011231〕
河北省涉案财物价格认定条例	2024年7月25日	国司备字〔2024011232〕
河北省征兵工作条例	2024年7月25日	国司备字〔2024011233〕
石家庄市人民代表大会常务委员会关于废止《石家庄市市区生活饮用水地下水源保护区污染防治条例》的决定	2024年8月2日	国司备字〔2024011234〕
唐山市消防车通道管理规定	2024年7月29日	国司备字〔2024011238〕
唐山市爱国卫生与健康促进条例	2024年7月29日	国司备字〔2024011239〕
邯郸市城市更新条例	2024年8月9日	国司备字〔2024011240〕
邯郸市电动自行车安全管理条例	2024年8月9日	国司备字〔2024011241〕
邯郸市人民代表大会常务委员会关于废止《邯郸市矿产资源管理条例》的决定	2024年8月9日	国司备字〔2024011242〕

续表

法规名称	公布日期	备案登记编号
秦皇岛市海绵城市建设管理条例	2024年7月30日	国司备字〔2024011236〕
秦皇岛市人民代表大会常务委员会关于修改、废止部分地方性法规的决定	2024年7月30日	国司备字〔2024011237〕
承德市节约用水条例	2024年7月31日	国司备字〔2024011235〕
宽城满族自治县旅游条例	2024年8月14日	国司备字〔2024011243〕
大厂回族自治县景泰蓝发展促进条例	2024年7月31日	国司备字〔2024011244〕
内蒙古自治区社会信用条例	2024年7月25日	国司备字〔2024011183〕
内蒙古自治区水土保持条例	2024年7月25日	国司备字〔2024011184〕
内蒙古自治区实施《中华人民共和国妇女权益保障法》办法	2024年7月25日	国司备字〔2024011185〕
内蒙古自治区实施《中华人民共和国工会法》办法	2024年7月25日	国司备字〔2024011186〕
内蒙古自治区公安机关警务辅助人员条例	2024年7月25日	国司备字〔2024011187〕
呼和浩特市人民代表大会常务委员会关于修改《呼和浩特市人民代表大会及其常务委员会立法条例》的决定	2024年6月11日	国司备字〔2024011250〕
呼和浩特市中心城区环城水带保护条例	2024年8月1日	国司备字〔2024011251〕
呼和浩特市海绵城市建设管理条例	2024年8月1日	国司备字〔2024011252〕
包头市人民代表大会常务委员会关于修改《包头市人民代表大会及其常务委员会立法条例》的决定	2024年6月6日	国司备字〔2024011253〕

续表

法规名称	公布日期	备案登记编号
包头市人民代表大会常务委员会关于修改《包头市水土保持条例》等3件地方性法规的决定	2024年8月5日	国司备字〔2024011254〕
呼伦贝尔市文明祭祀条例	2024年8月5日	国司备字〔2024011255〕
通辽市政务服务便民热线条例	2024年8月1日	国司备字〔2024011256〕
吉林省粮食流通条例	2024年7月31日	国司备字〔2024011227〕
吉林省慈善条例	2024年7月31日	国司备字〔2024011228〕
吉林市爱国卫生工作条例	2024年8月15日	国司备字〔2024011229〕
黑龙江省人民代表大会常务委员会大兴安岭地区工作委员会工作条例	2024年6月29日	国司备字〔2024011133〕
黑龙江省人民代表大会常务委员会关于促进东北三省一区旅游业协同发展的决定	2024年6月29日	国司备字〔2024011134〕
哈尔滨市人民代表大会常务委员会关于废止《哈尔滨市环城防护林带管理条例》的决定	2024年7月3日	国司备字〔2024011135〕
齐齐哈尔市住宅物业管理条例	2024年7月1日	国司备字〔2024011136〕
牡丹江市废弃食用菌菌包污染环境防治和综合利用条例	2024年7月2日	国司备字〔2024011137〕
佳木斯市人民代表大会常务委员会关于修改《佳木斯市物业管理条例》等两部地方性法规的决定	2024年7月1日	国司备字〔2024011138〕
福建省闽江、九龙江流域保护管理条例	2024年7月25日	国司备字〔2024011193〕
福建省闽台关系档案保护条例	2024年7月25日	国司备字〔2024011194〕

续表

法规名称	公布日期	备案登记编号
福州市海上交通安全管理条例	2024年7月29日	国司备字〔2024011195〕
厦门市人民代表大会常务委员会关于废止《厦门市消防管理若干规定》的决定	2024年7月26日	国司备字〔2024011196〕
厦门市人民代表大会常务委员会关于废止《厦门象屿保税区条例》的决定	2024年6月25日	国司备字〔2024011150〕
宁德市扬尘污染防治条例	2024年7月31日	国司备字〔2024011197〕
南昌市人民代表大会常务委员会关于废止和修改部分地方性法规的决定	2024年6月7日	国司备字〔2024011151〕
抚州市城市地下管线管理条例	2024年6月14日	国司备字〔2024011152〕
抚州市人民代表大会常务委员会关于修改《抚州市住宅区物业管理条例》的决定	2024年6月14日	国司备字〔2024011153〕
山东省家庭教育促进条例	2024年7月25日	国司备字〔2024011175〕
山东省湿地保护条例	2024年7月25日	国司备字〔2024011176〕
淄博市水土保持条例	2024年7月30日	国司备字〔2024011177〕
烟台市客运出租汽车管理若干规定	2024年7月25日	国司备字〔2024011178〕
潍坊市风筝文化产业促进条例	2024年7月31日	国司备字〔2024011179〕
济宁市客运出租汽车管理若干规定	2024年7月25日	国司备字〔2024011180〕
临沂市物业管理条例	2024年7月25日	国司备字〔2024011181〕
聊城市人民代表大会常务委员会关于修改《聊城市水环境保护条例》的决定	2024年8月1日	国司备字〔2024011182〕

续表

法规名称	公布日期	备案登记编号
湖南省生猪屠宰管理条例	2024年7月31日	国司备字〔2024011192〕
湖南省实验动物管理条例	2024年7月31日	国司备字〔2024011214〕
湖南省实施《中华人民共和国法律援助法》若干规定	2024年7月31日	国司备字〔2024011215〕
江华瑶族自治县瑶医药保护与发展条例	2024年6月17日	国司备字〔2024011262〕
城步苗族自治县巫水保护条例	2024年7月30日	国司备字〔2024011263〕
湖北省铁路安全管理条例	2024年7月25日	国司备字〔2024011198〕
湖北省质量促进条例	2024年7月25日	国司备字〔2024011199〕
广东省科技创新条例	2024年7月31日	国司备字〔2024011208〕
广东省民用核设施核事故预防和应急管理条例	2024年7月31日	国司备字〔2024011209〕
广东省华侨捐赠兴办公益事业管理条例	2024年7月31日	国司备字〔2024011210〕
广东省粤港澳大湾区内地九市进口港澳药品医疗器械管理条例	2024年7月31日	国司备字〔2024011211〕
广东省促进港澳青年在粤港澳大湾区内地九市就业创业条例	2024年7月31日	国司备字〔2024011212〕
广东省各级人民代表大会常务委员会规范性文件备案审查条例	2024年7月31日	国司备字〔2024011213〕
广西壮族自治区知识产权保护和促进条例	2024年7月25日	国司备字〔2024011147〕
广西壮族自治区中小企业促进条例	2024年7月25日	国司备字〔2024011148〕

续表

法规名称	公布日期	备案登记编号
南宁市城市内河湖泊保护管理规定	2024年7月30日	国司备字〔2024011191〕
海南省建筑垃圾管理规定	2024年7月31日	国司备字〔2024011188〕
海南省校外托管机构管理若干规定	2024年7月31日	国司备字〔2024011190〕
重庆市实施《中华人民共和国反家庭暴力法》办法	2024年7月31日	国司备字〔2024011216〕
重庆市川剧保护传承条例	2024年7月31日	国司备字〔2024011217〕
重庆市人民代表大会常务委员会关于川渝高竹新区行政管理事项的决定	2024年7月31日	国司备字〔2024011226〕
贵州省物业管理条例	2024年7月31日	国司备字〔2024011221〕
贵州省数据流通交易促进条例	2024年7月31日	国司备字〔2024011222〕
贵州省慈善条例	2024年7月31日	国司备字〔2024011223〕
贵州省精神卫生条例	2024年7月31日	国司备字〔2024011224〕
贵阳市农村生活垃圾治理条例	2024年8月2日	国司备字〔2024011225〕
云南省屏边苗族自治县乡风文明促进条例	2024年7月26日	国司备字〔2024011149〕
西藏自治区冰川保护条例	2024年7月31日	国司备字〔2024011200〕
拉萨市机动车停车场条例	2024年8月1日	国司备字〔2024011201〕
拉萨市人民代表大会常务委员会关于废止《拉萨市城镇房地产管理条例》的决定	2024年8月1日	国司备字〔2024011202〕

续表

法规名称	公布日期	备案登记编号
陕西省气象灾害防御条例	2024年7月25日	国司备字〔2024011249〕
咸阳市促进科技成果转化条例	2024年6月17日	国司备字〔2024011203〕
榆林市人民代表大会常务委员会关于修改《榆林市地方立法条例》的决定	2024年6月4日	国司备字〔2024011204〕
汉中市人民代表大会关于修改《汉中市地方立法条例》的决定	2024年5月30日	国司备字〔2024011205〕
安康市反餐饮浪费办法	2024年6月14日	国司备字〔2024011206〕
安康市户外广告设施和牌匾标识管理条例	2024年6月14日	国司备字〔2024011207〕
甘肃省人民代表大会常务委员会关于废止《甘肃省矿产储量管理条例》的决定	2024年7月26日	国司备字〔2024011218〕
甘肃省交通运输综合行政执法条例	2024年7月26日	国司备字〔2024011219〕
甘肃省陇剧保护传承条例	2024年7月26日	国司备字〔2024011220〕
西宁市人民代表大会常务委员会关于修改《西宁市水资源管理条例》的决定	2024年6月24日	国司备字〔2024011139〕
海西蒙古族藏族自治州人民代表大会及其常务委员会立法条例	2024年7月8日	国司备字〔2024011140〕
海北藏族自治州第十五届人民代表大会第五次会议关于修改《海北藏族自治州水资源管理条例》的决定	2024年7月1日	国司备字〔2024011141〕
海南藏族自治州人民代表大会及其常务委员会立法条例	2024年6月26日	国司备字〔2024011142〕
海南藏族自治州藏传佛教事务条例	2024年6月19日	国司备字〔2024011143〕

续表

法规名称	公布日期	备案登记编号
玉树藏族自治州第十四届人民代表大会第五次会议关于废止《玉树藏族自治州藏医药管理条例》的决定	2024年6月28日	国司备字〔2024011144〕
玉树藏族自治州人民代表大会及其常务委员会立法条例	2024年6月28日	国司备字〔2024011145〕
大通回族土族自治县第十八届人民代表大会第四次会议关于废止《大通回族土族自治县水资源管理条例》的决定	2024年7月1日	国司备字〔2024011146〕
宁夏回族自治区行政复议条例	2024年8月1日	国司备字〔2024011245〕
宁夏回族自治区征兵工作条例	2024年8月1日	国司备字〔2024011246〕
宁夏回族自治区人民代表大会常务委员会关于修改《宁夏回族自治区道路运输管理条例》等两件地方性法规的决定	2024年8月1日	国司备字〔2024011247〕
吴忠市人民代表大会常务委员会关于修改《吴忠市城乡容貌和环境卫生治理条例》的决定	2024年8月7日	国司备字〔2024011248〕
新疆维吾尔自治区城镇生活垃圾管理条例	2024年7月29日	国司备字〔2024011264〕
乌鲁木齐市人民代表大会常务委员会关于修改《乌鲁木齐市人民代表大会代表建议、批评、意见办理规则》的决定	2024年6月20日	国司备字〔2024011265〕
克拉玛依市人民代表大会常务委员会关于修改《克拉玛依市制定地方性法规条例》的决定	2024年6月20日	国司备字〔2024011266〕
伊犁哈萨克自治州人民代表大会议事规则	2024年8月10日	国司备字〔2024011267〕
昌吉回族自治州促进农作物种子产业发展条例	2024年6月28日	国司备字〔2024011268〕

续表

法规名称	公布日期	备案登记编号
巴音郭楞蒙古自治州人民代表大会议事规则	2024年6月12日	国司备字〔2024011269〕
木垒哈萨克自治县人民代表大会议事规则	2024年6月26日	国司备字〔2024011270〕
焉耆回族自治县人民代表大会议事规则	2024年7月15日	国司备字〔2024011271〕

地方政府规章

规章名称	公布日期	备案登记编号
天津市人民政府关于修改《天津市行政规范性文件管理规定》的决定	2024年7月11日	国司备字〔2024011160〕
唐山市人民政府关于废止部分市政府规章的决定	2024年8月1日	国司备字〔2024011167〕
盐城市人民政府关于废止《盐城市停车管理办法》的决定	2024年7月11日	国司备字〔2024011159〕
金华市历史建筑保护管理办法	2024年7月19日	国司备字〔2024011158〕
安徽省实施《长江河道采砂管理条例》办法	2024年7月8日	国司备字〔2024011161〕
宣城市人民政府关于废止部分规章的决定	2024年8月6日	国司备字〔2024011172〕
池州市气象灾害防御规定	2024年7月31日	国司备字〔2024011162〕
烟台市行政规范性文件制定和监督管理办法	2024年7月4日	国司备字〔2024011155〕
驻马店市行政执法监督办法	2024年7月16日	国司备字〔2024011156〕

续表

规章名称	公布日期	备案登记编号
怀化市人民政府制定地方性法规草案和规章办法	2024年6月25日	国司备字〔2024011168〕
广州市人民政府关于废止部分规章的决定	2024年7月19日	国司备字〔2024011173〕
深圳市人民政府关于废止《深圳市道路交通事故社会救助暂行办法》的决定	2024年7月19日	国司备字〔2024011169〕
免签证来琼外国人服务和管理办法	2024年7月21日	国司备字〔2024011166〕
重庆市林长制办法	2024年7月18日	国司备字〔2024011170〕
成都市国家农业科技园区发展促进办法	2024年7月11日	国司备字〔2024011164〕
成都市郫县豆瓣产业发展促进办法	2024年7月15日	国司备字〔2024011165〕
成都市人民政府关于废止《成都市机动车停车场管理办法》的决定	2024年7月16日	国司备字〔2024011171〕
成都市征地补偿安置办法	2024年7月3日	国司备字〔2024011174〕
昆明市海绵城市建设管理办法	2024年7月17日	国司备字〔2024011163〕

图书在版编目(CIP)数据

中华人民共和国新法规汇编. 2024 年. 第 9 辑 : 总第 331 辑 / 司法部编. -- 北京 : 中国法治出版社, 2025. 3. -- ISBN 978-7-5216-5067-9

Ⅰ. D920.9

中国国家版本馆 CIP 数据核字第 2025S496R5 号

中华人民共和国新法规汇编

ZHONGHUA RENMIN GONGHEGUO XIN FAGUI HUIBIAN

(2024 年第 9 辑)

编者/司法部

经销/新华书店

印刷/三河市紫恒印装有限公司

开本/850 毫米×1168 毫米　32 开　　　　　　印张/3　字数/64 千

版次/2025 年 3 月第 1 版　　　　　　　　　　2025 年 3 月第 1 次印刷

中国法治出版社出版

书号 ISBN 978-7-5216-5067-9　　　　　　　　定价:18.00 元

北京市西城区西便门西里甲 16 号西便门办公区

邮政编码:100053　　　　　　　　　　　　　传真:010-63141600

网址:http://www.zgfzs.com　　　　　　　　编辑部电话:010-63141663

市场营销部电话:010-63141612　　　　　　　印务部电话:010-63141606

(如有印装质量问题,请与本社印务部联系。)